뉴욕언니와 모두의 시창청음

머리말

몇 년 동안 실용음악을 전공하고자 하는 입시생들과 실용음악을 전공하는 학생들의 시창청음 수업을 가르치며 조금 더 이해하기 쉽고 포괄적인 내용의 효율적인 시창청음 교재를 만들고 싶다는 생각을 많이 하게 되어 본 교재를 집필하게 되었습니다.

절대음감이 아니면 음이나 코드를 들을 수 없다고 생각하여 일찍이 자포자기하는 학생들을 보며 매우 안타깝게 생각했습니다. 저 또한 절대음감이 아니며 끊임없는 노력을 통해 리듬과 음들 그리고 코드진행들을 들을 수 있게 되었습니다.

이 책은 여러분의 능력이 다음 레벨로 높아질 수 있도록 각 파트를 효과적으로 나누어 학습할 수 있게 구성되어 있습니다. 혼자 공부하기에도 어려움 없이 매 week마다 자세한 설명이 있으며 또한 예술고등학교나 대학에서 교재로도 활용할 수 있도록 총 15주로 나누어 한 학기 동안 체계적으로 사용할 수 있게 구성하였습니다.

제 경험을 토대로 좋은 교재가 될 수 있도록 실용음악 입시생들과 현직 강사들과도 많은 소통을 하며 학습 내용에 부족함이 없도록 열심히 집필하였습니다. 모쪼록 이 책이 많은 분들에게 도움이 되길 진심으로 바랍니다.

끝으로 이 책이 출간될 수 있도록 끝까지 저를 이끌어주신 하나님께 영광을 돌리며 항상 곁을 지켜주는 사랑하는 가족들에게 감사의 말씀을 드립니다.

많은 도움이 되어준 박상혁, 김가희, 백민석, 정장민, 동생 양우희에게도 감사의 말을 전합니다.

저자 양선희 Sunny

contents

WEEK 1

A. 음표(Note)와 쉼표(Rest) ——— 8
B. 갖춘마디와 못갖춘마디 ——— 9
C. 잇단음표 ——— 10
D. 임시표의 정리 ——— 11
E. 음정 간격 듣기 훈련(Intervallic Ear Training) ——— 11
F. 지휘법(Conducting) ——— 12
G. 음정(Interval) ——— 13
H. 전략적인 리듬 카운팅 연습 ——— 15
I. 솔페지오(solfege)를 이용한 음들의 시각화 훈련 ——— 17

WEEK 2

A. 리듬 – 온음표와 온쉼표, 2분음표와 2분쉼표 ——— 18
B. 음정 – 장2도, 단2도 ——— 19
C. 시창 – 솔페지오(solfege)를 이용해 C장음계 스케일과 멜로디 익히기 ——— 20
D. 청음 문제풀이 ——— 23

WEEK 3

A. 리듬 – 4분음표와 4분쉼표, 8분음표와 8분쉼표 ——— 25
B. 음정 – 장3도, 단3도 ——— 26
C. 시창 – 솔페지오(solfege)를 이용해 상행하는 반음계 스케일과 멜로디 익히기 ——— 27
D. 청음 문제풀이 ——— 30

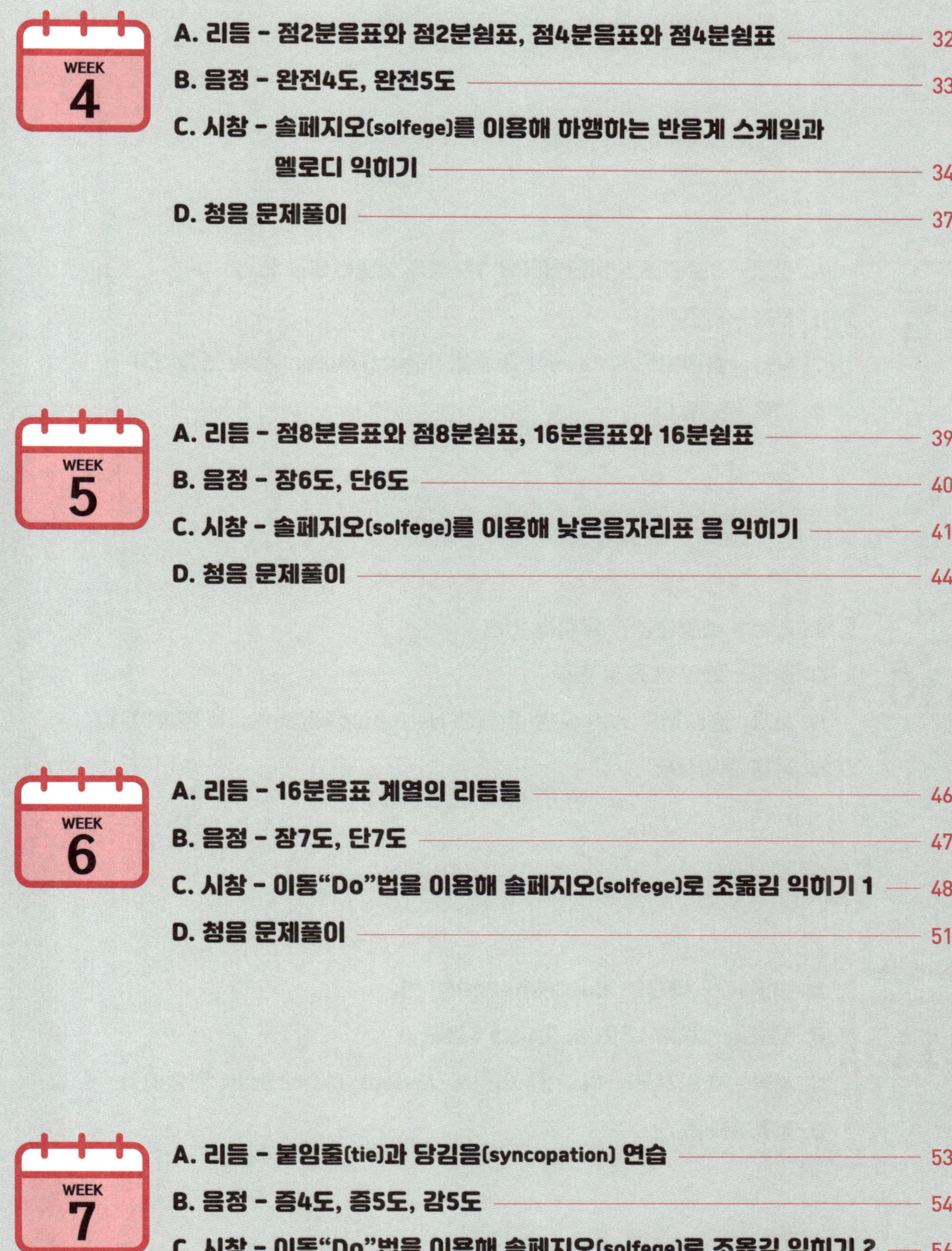

WEEK 4

A. 리듬 – 점2분음표와 점2분쉼표, 점4분음표와 점4분쉼표 ——— 32

B. 음정 – 완전4도, 완전5도 ——— 33

C. 시창 – 솔페지오(solfege)를 이용해 하행하는 반음계 스케일과 멜로디 익히기 ——— 34

D. 청음 문제풀이 ——— 37

WEEK 5

A. 리듬 – 점8분음표와 점8분쉼표, 16분음표와 16분쉼표 ——— 39

B. 음정 – 장6도, 단6도 ——— 40

C. 시창 – 솔페지오(solfege)를 이용해 낮은음자리표 음 익히기 ——— 41

D. 청음 문제풀이 ——— 44

WEEK 6

A. 리듬 – 16분음표 계열의 리듬들 ——— 46

B. 음정 – 장7도, 단7도 ——— 47

C. 시창 – 이동"Do"법을 이용해 솔페지오(solfege)로 조옮김 익히기 1 ——— 48

D. 청음 문제풀이 ——— 51

WEEK 7

A. 리듬 – 붙임줄(tie)과 당김음(syncopation) 연습 ——— 53

B. 음정 – 증4도, 증5도, 감5도 ——— 54

C. 시창 – 이동"Do"법을 이용해 솔페지오(solfege)로 조옮김 익히기 2 ——— 56

D. 청음 문제풀이 ——— 60

WEEK 8

중간고사 — 61

WEEK 9

A. 리듬 – 8분음표 셋잇단음표와 4분음표 셋잇단음표 연습 — 65
B. 음정 – 완전8도 — 66
C. 시창 – 솔페지오(solfege)를 이용해 Natural Minor Scale 연습하기 — 67
D. 청음 문제풀이 — 70

WEEK 10

A. 리듬 – 셋잇단음표 당김음 연습 — 72
B. 음정 – 다양한 음정 연습 — 73
C. 시창 – 솔페지오(solfege)를 이용해 Harmonic Minor Scale 연습하기 — 74
D. 청음 문제풀이 — 77

WEEK 11

A. 리듬 – 4/4 박자와 Cut Time(컷타임) 연습 — 79
B. 3화음 – 메이저 3화음, 마이너 3화음 — 81
C. 시창 – 솔페지오(solfege)를 이용해 Melodic Minor Scale 연습하기 — 84
D. 청음 문제풀이 — 87

WEEK 12

A. 리듬 – $\frac{3}{4}$ 박자와 $\frac{3}{8}$ 박자 연습 — 88
B. 3화음 – 디미니쉬 3화음, 어그먼트 3화음, sus4 3화음 — 90
C. 시창 – 솔페지오(solfege)를 이용해 Blues Scale 연습하기 — 91
D. 청음 문제풀이 — 95

WEEK 13

A. 리듬 – $\frac{6}{8}$ 박자 연습 — 97
B. 3화음 – 3화음 자리바꿈 연습 — 99
C. 시창 – 솔페지오(solfege)를 이용해 Whole-Tone Scale 연습하기 — 103
D. 청음 문제풀이 — 105

WEEK 14

A. 리듬 – $\frac{12}{8}$ 박자 연습 — 107
B. 간단한 베이스 코드 진행 연습 — 108
C. 시창 – 솔페지오(solfege)를 이용해 코드 근음과 멜로디 시창하기 — 110
D. 청음 문제풀이 — 111

WEEK 15

기말고사 — 112

부록 — 116
해답편 — 118

A. 음표(Note)와 쉼표(Rest)

1) 민음표와 민쉼표(점이 붙지 않은 상태의 음표와 쉼표)

음표	이름	길이	음표	이름	길이
o	온음표 (Whole-note)	4박	‐	온쉼표 (Whole-rest)	4박
♩	2분음표 (Half-note)	2박	‐	2분쉼표 (Half-rest)	2박
♩	4분음표 (Quater-note)	1박	𝄽	4분쉼표 (Quater-rest)	1박
♪	8분음표 (Eight-note)	1/2박	𝄾	8분쉼표 (Eight-rest)	1/2박
♬	16분음표 (Sixteenth-note)	1/4박	𝄿	16분쉼표 (Sixteenth-rest)	1/4박

2) 점음표와 점쉼표(원래의 박자 + 그 절반의 박자)

음표	이름	길이	음표	이름	길이
o.	점온음표 (Dotted Whole-note)	6박 o + ♩	‐.	점온쉼표 (Dotted Whole-rest)	6박 ‐ + ‐
♩.	점2분음표 (Dotted Half-note)	3박 ♩ + ♩	‐.	점2분쉼표 (Dotted Half-rest)	3박 ‐ + 𝄽
♩.	점4분음표 (Dotted Quater-note)	1박 반 ♩ + ♪	𝄽.	점4분쉼표 (Dotted Quater-rest)	1박 반 𝄽 + 𝄾
♪.	점8분음표 (Dotted Eight-note)	3/4박 ♪ + ♬	𝄾.	점8분쉼표 (Dotted Eight-rest)	3/4박 𝄾 + 𝄿
♬.	점16분음표 (Dotted Sixteenth-note)	3/8박 ♬ + ♬	𝄿.	점16분쉼표 (Dotted Sixteenth-rest)	3/8박 𝄿 + 𝄿

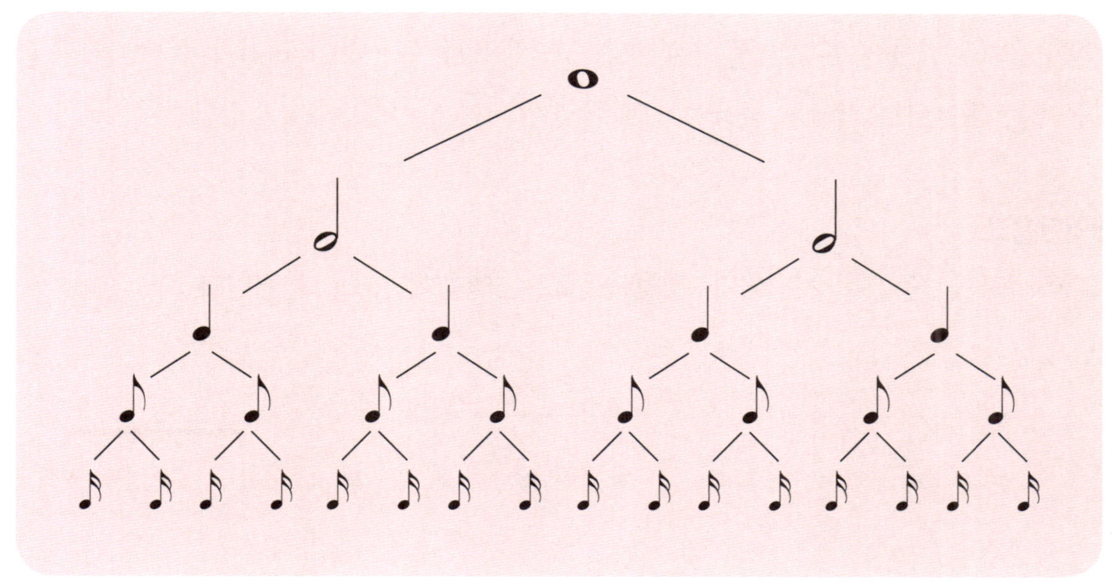

B. 갖춘마디와 못갖춘마디

1) 갖춘마디 : 첫마디부터 끝마디까지 모든 마디 안에 박의 수가 박자표에 맞게 다 들어있는 마디를 말합니다.

2) 못갖춘마디 : 주로 첫마디가 시작되기 전에 사용합니다. 못갖춘마디는 여린박에서 시작하며 박자표대로 박의 수가 갖추어지지 않은 채 시작됩니다. 이 경우에 첫마디와 끝마디를 합하면 정규 박의 수가 됩니다.

C. 잇단음표

2등분이 불가능한 3, 5, 6, 7, 9 등의 분할을 잇단음표를 사용하여 표기합니다.
잇단음표는 분할되는 만큼의 음표를 그리고 분할되는 숫자를 적어 표기합니다.

1) 셋잇단음표

2등분할 음표를 3등분한 것입니다. 셋잇단음표는 3연음이라고도 불립니다.

2) 2박 3연음

2박자 동안 같은 간격으로 3등분한 리듬입니다.

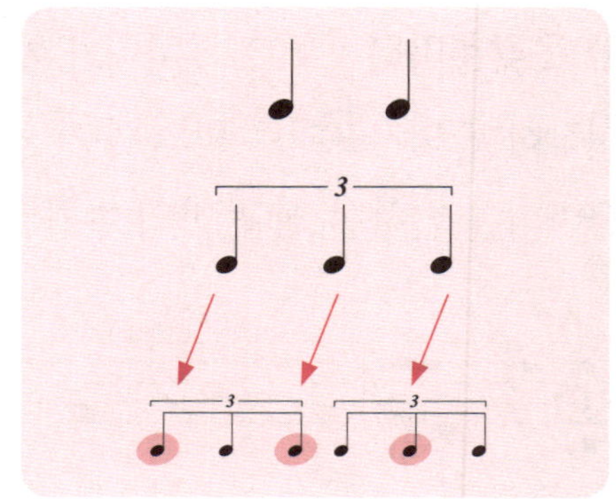

D. 임시표의 정리

곡의 중간에서 음의 높이를 일시적으로 변화시키는 표

기호	이름	기능
♯	올림표(Sharp)	원음의 반음을 올릴 때 사용
𝄪	겹올림표(Double Sharp)	반음 올린 음을 다시 반음 올릴 때 사용
♭	내림표(Flat)	원음의 반음을 내릴 때 사용
♭♭	겹내림표(Double Flat)	반음 내린 음을 다시 반음 내릴 때 사용
♮	제자리표(Natural)	임시표에 의한 변화를 없애고 원음으로 되돌릴 때 사용

E. 음정 간격 듣기 훈련(Intervallic Ear Training)

뮤지션을 위한 음정 간격 듣기 훈련으로 장기간 동안 **음정의 간격을 반복하여 암기**합니다. 이 훈련의 목적은 뮤지션에게 음정의 소리에 대한 이해와 음악에 관련된 모든 활동에 도움을 주기 위함입니다.

● 음정의 간격을 듣습니다 → 피아노 건반을 생각하며 그 간격을 이미지화 시킵니다 → 이미지화 시킨 간격을 시각화하여 봅니다 → 입 밖으로 시창해 봅니다.

이 훈련을 통해 여러분은 음표 이름과 피아노 건반의 이미지를 생각하게 될 것입니다.

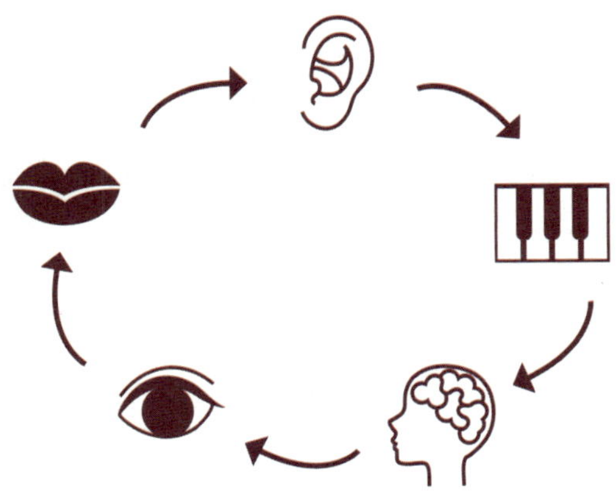

F. 지휘법 (Conducting)

지휘는 듣기 훈련에서 일반적으로 사용하는 방법입니다. 여러 박자의 지휘 패턴을 배우고 연습하면 "PLACE(위치)" 감각의 발달에 도움이 됩니다. 또한 리듬의 변화가 복잡해지더라도 안정된 움직임으로 그 박자 패턴의 흐름만 유지한다면 어떠한 리듬이라도 비트를 세분화시킬 수 있게 됩니다. 그래서 지휘를 하면서 시창을 하게 되면 자신이 어느 비트에 있는지 정확히 인지할 수 있으므로 시창청음의 능력 향상에 매우 도움이 됩니다. 지휘할 때에는 오른손을 사용하고, 지휘 패턴을 연습할 때 흐르는 감각을 유지하도록 노력해 보세요. 과도한 지휘보다 리듬과 박자에 집중하면서 연습하는 게 가장 중요한 포인트입니다.

ex 1 $\frac{2}{4}$ 박자 지휘 패턴

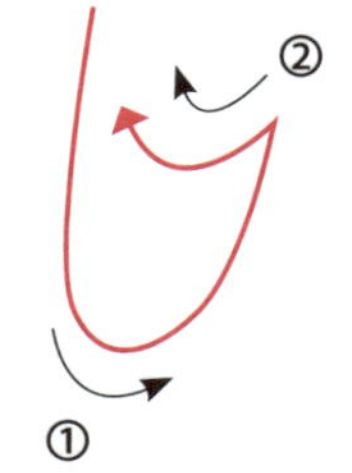

박자표에서 아래 숫자는 한 박 단위가 되는 음표를 의미합니다. 아래 숫자가 4이기 때문에 4분음표가 한 박이 됩니다.

$\frac{2}{4}$ 박자는 한마디안에 4분음표가 2개 들어간다는 뜻으로 각 마디가 총 2박으로 이루어져 있습니다.

ex 2 $\frac{3}{4}$ 박자 지휘 패턴

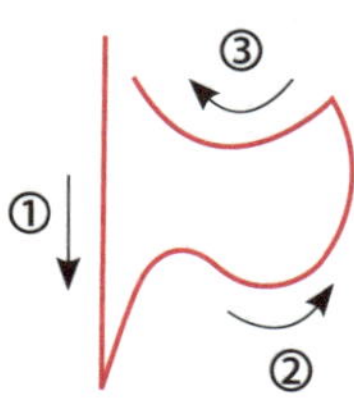

$\frac{3}{4}$ 박자는 한마디 안에 4분음표가 3개 들어간다는 뜻으로 각 마디가 총 3박으로 이루어져 있습니다.

ex 3 $\frac{4}{4}$ 박자 지휘 패턴

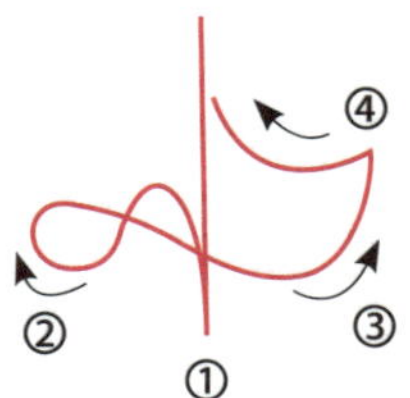

$\frac{4}{4}$ 박자는 한마디 안에 4분음표가 4개 들어간다는 뜻으로 한마디가 총 4박으로 이루어져 있습니다.

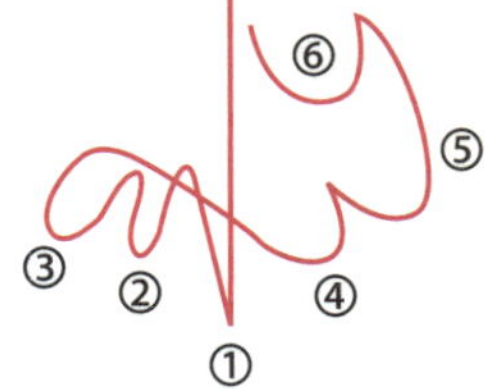

6/8 박자는 한마디 안에 8분음표가 6개 들어간다는 뜻으로 한마디가 총 6박으로 이루어져 있습니다.

G. 음정 (Interval)

두 음 사이의 거리를 말하며, 도수라는 단어로 표기합니다.

위 악보와 같이 음정은 1도에서 8도로 이루어져 있으며, 같은 줄이나 칸의 두 음은 1도로 세고, 1옥타브는 8도로 셉니다. 음정의 종류는 완전음정과 장음정 즉 2가지 종류로 이루어져 있습니다. 이들 음에 임시표가 붙더라도 도수는 바뀌지 않습니다. 음정의 종류는 5가지가 있는데 거리의 증가와 감소에 따라 음정의 종류가 변하기 때문에 정확한 음정을 구분하기 위해서는 완전음정과 장음정을 기준으로 반음의 개수를 파악하여 음정을 계산해야 합니다.

아래 그림은 반음의 개수를 나타낸 표이니 반드시 암기하여 음정을 찾는 데 도움이 되기 바랍니다.

반음의 개수				
0개	완전1도	장2도	장3도	
1개	완전4도	완전5도	장6도	장7도
2개	완전8도			

　음정을 구성하는 두 음이 동시에 울릴 때 가장 잘 협화하는 음정이라고 하여 완전음정이라고 부르며 1, 4, 5, 8도가 있습니다. 특히 완전1도와 8도는 절대협화음정이라고 부릅니다. 반음의 개수에 따라 완전음정에서 증음정이나 겹증음정으로 늘어나고, 또는 감음정이나 겹감음정으로 줄어듭니다.

　완전음정 다음으로 잘 협화하는 음정을 불완전 협화음정이라고 부르는데 3도와 6도가 있습니다. 그 밖의 모든 음정은 불협화음정이고 장2도, 단2도, 장7도, 단7도가 있습니다. 또한 모든 증, 감음정들도 불협화음정입니다. 불협화음정은 동시에 울리면 탁한 울림이 되지만 음악의 긴장감과 변화를 표현하여 협화음정의 아름다움을 한층 더 살리기도 합니다. 반음의 개수에 따라 장음정에서 증음정이나 겹증음정으로 늘어나고 또는 단음정에서 감음정이나 겹감음정으로 줄어듭니다. 아래의 표를 잘 살펴보며 암기해 주시기 바랍니다.

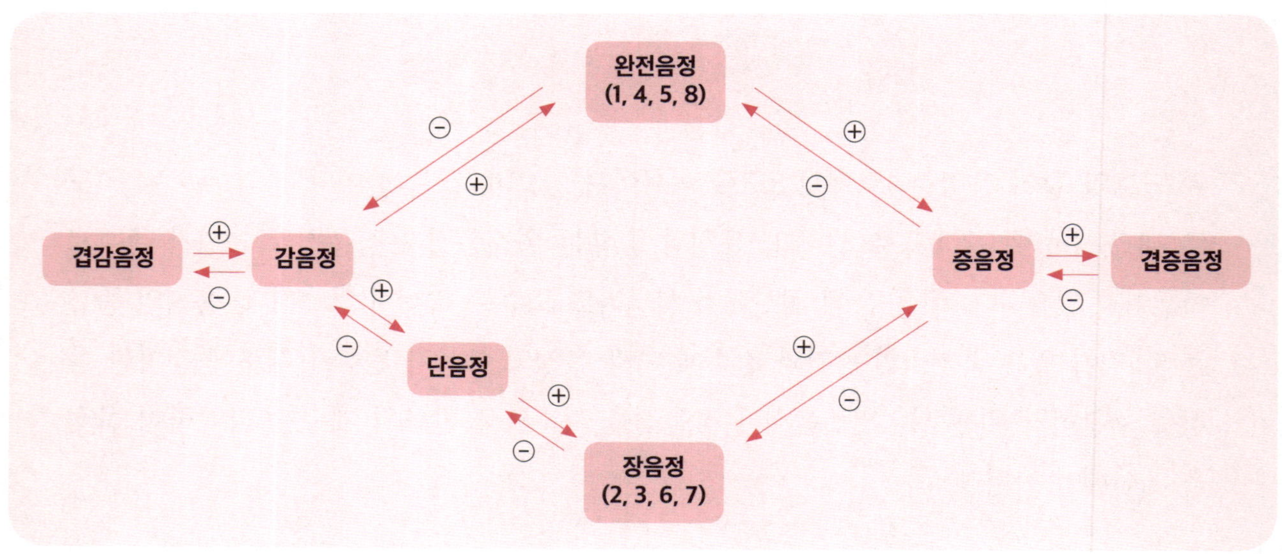

H. 전략적인 리듬 카운팅 연습

효과적으로 음들을 나누어 입으로 카운팅 하는 연습입니다.

이 방법을 통해 세분화된 마디에 리듬을 정확하게 배치할 수 있는 방법을 터득할 수 있습니다. 박자의 세분화를 잘 느끼기 전까지는 소리로 표현하는 것이 도움 될 것입니다.

메트로놈 박자에 맞춰 입으로 크게 리듬을 카운팅합니다.

음표의 지속 시간을 소리로 유지하고 쉼표에서는 음표값만큼 소리를 내지 않습니다. 리듬이 복잡해지면 처음에 한꺼번에 다 하지 말고 한소절씩 나눠 연습하는 것이 효과적입니다. 리듬의 흐름을 유지하며 다음 리듬을 어떻게 해야할지 생각하는 시간을 갖는 것도 좋습니다.

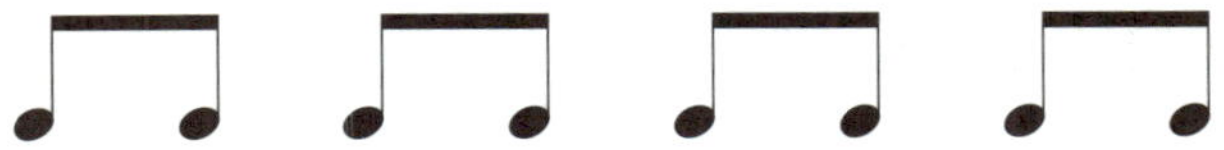

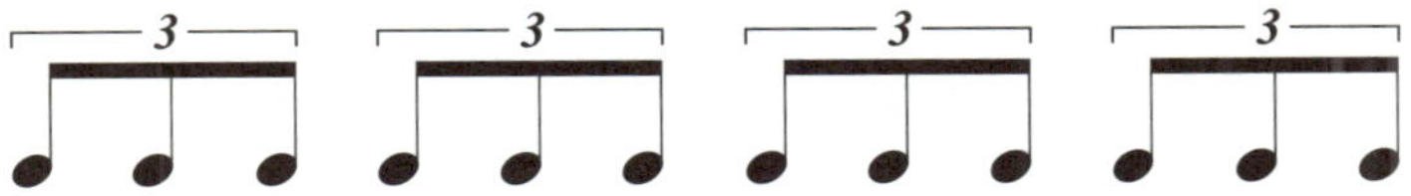

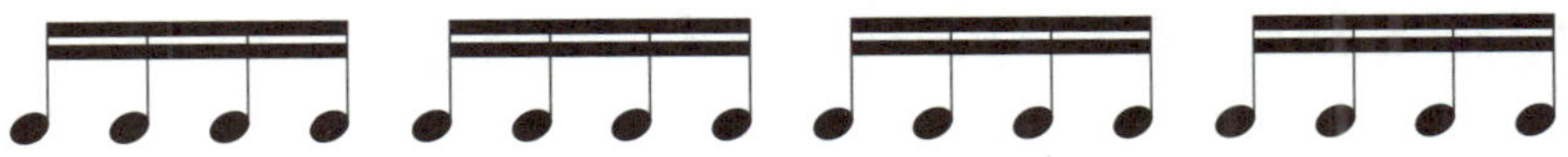

리듬 카운팅 하는 방법

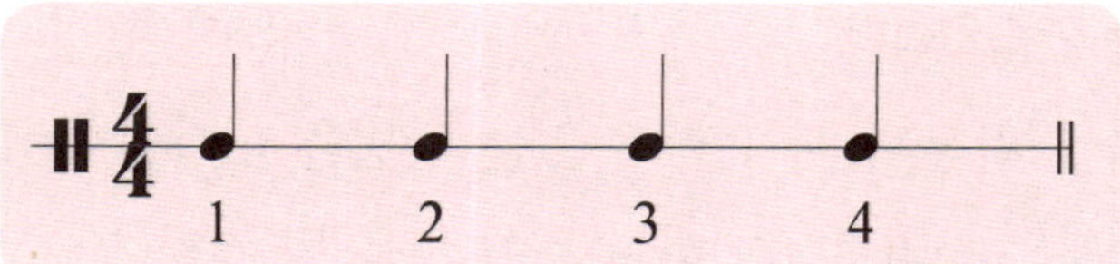

$\frac{4}{4}$ 박자에서 리듬 카운팅 연습하기

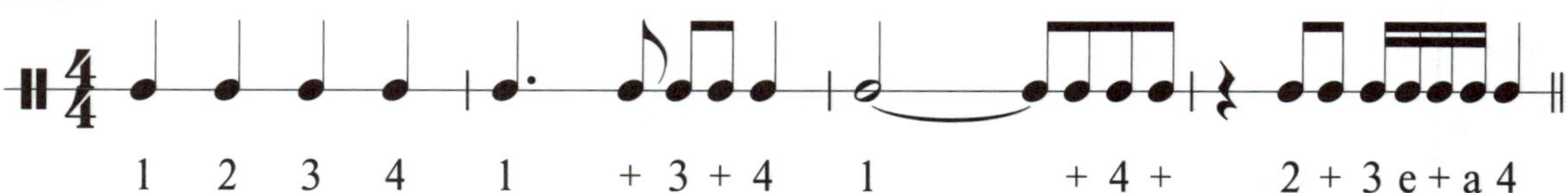

ex 1

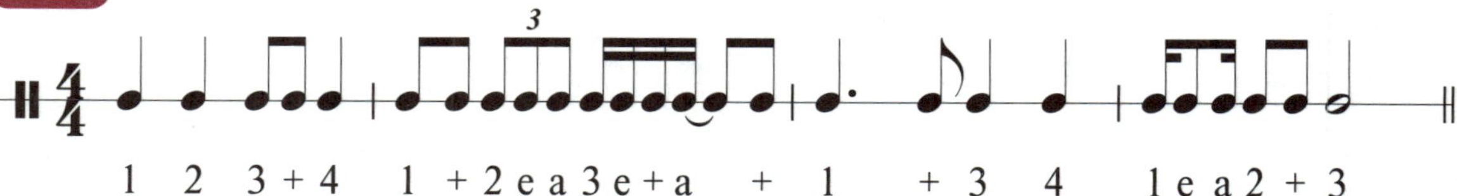

ex 2

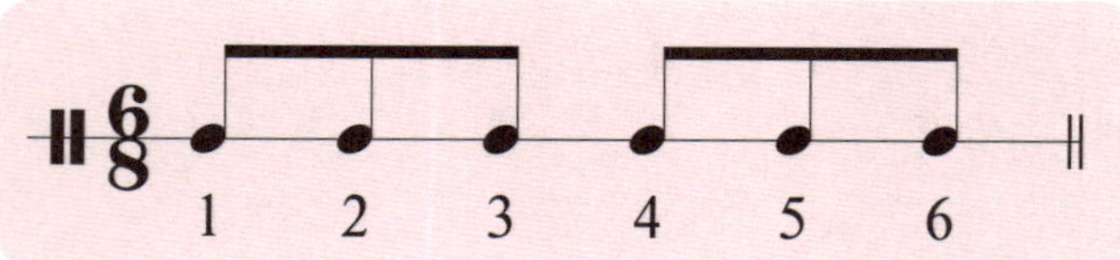

$\frac{6}{8}$ 박자에서 리듬 카운팅 연습하기

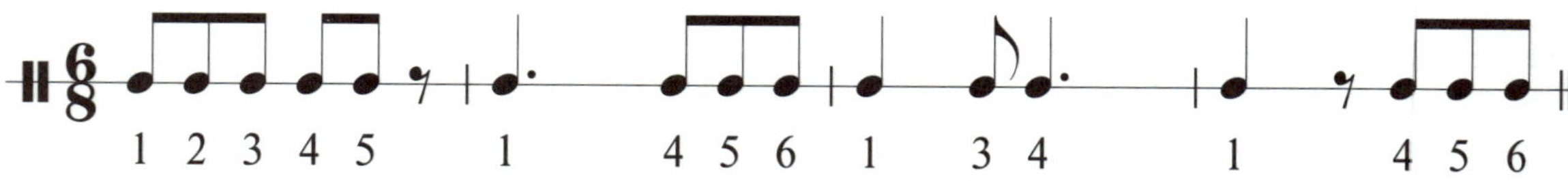

ex 1

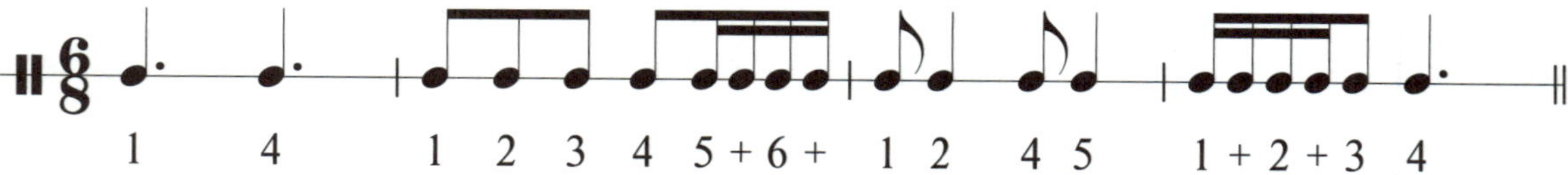

ex 2

I. 솔페지오(solfege)를 이용한 음들의 시각화 훈련

이 훈련은 특정 키(key)에 상관없이 조성음악의 멜로디 기능을 파악하는 데 도움을 많이 줍니다. 이 훈련에는 이동"도"(movable-do) 시스템을 사용합니다. 즉 어떤 키에 있든 Tonic은 "도"가 됩니다. 키를 변경하면 새로운 Tonic이 "도"가 됩니다. 각 키의 음표와 관련하여 솔페지오 음절을 식별하는 방법을 익혀야 합니다.

이동도(movable-do) 솔페지오를 통해 어느 한 키에서 멜로디를 익히게 되면 다른 키에서도 들리게 됩니다. 그 이유는 각 계이름(솔페지오)은 키 안에서 특정 소리를 내기 때문입니다. 따라서 C key 에서의 도, 레, 미는 B♭ key 플랫 키에서도 기능적으로 같습니다.

"도"는 멜로디에서 음악적으로 중심이 되면서 휴식을 취하는 곳입니다.

멜로디의 작은 움직임에 초점을 맞추고 집중하도록 노력해 보세요.

노래를 부른 후에는 끝날 때까지 절대로 피아노로 연주하지 마세요.

음정을 확실히 느낄 수 있도록 각 음에서 천천히 연습해 보세요.

만약 예시를 불렀을 때 음정이 플랫(♭)되거나 샵(♯)되면 다시 천천히 한 음 한 음 집중하여 불러봅니다. 조용히 다음 음높이를 생각해 보면 후두가 그 음높이를 향해 움직일 것입니다. 이것을 근육 기억이라 부르는데, 머릿속의 음악적 생각과 목구멍이 함께 움직이는 것입니다. 이 훈련은 음악 소리의 내면 감각을 개발하는 데 많은 도움이 되며 이것이 곧 듣기 훈련의 가장 큰 목표입니다.

A. 리듬 – 온음표와 온쉼표, 2분음표와 2분쉼표

1) 온음표와 온쉼표

𝅝 = ▬

- **온음표(Whole note)**: 하얀색 머리만 있고 기둥이 없이 생긴 음표로 **총 4박자 동안 연주**합니다. 온음표는 한 가지 의미가 더 있습니다. 4박자 동안 연주하는 것 외에도 온음표가 있으면 **박자표에 상관없이 한마디를 전부 연주**합니다.
- **온쉼표(Whole rest)**: 세숫대야 같은 모양으로 생겼으며 오선의 4번째 줄 아래에 위치하고 **총 4박자 동안 연주하지 않고 쉽**니다. 온음표와 마찬가지로 **박자표에 상관없이 한마디를 온전히 다 쉴 때 사용**하기도 합니다.

2) 2분음표와 2분쉼표

𝅗𝅥 = ▬

- **2분음표(Half note)**: 하얀색 머리와 기둥이 있는 음표로 **총 2박자 동안 연주**합니다.
- **2분쉼표(Half rest)**: 모자 모양으로 생겼으며 오선의 3번째 줄 위에 위치하고 **총 2박자 동안 쉴 때 사용**합니다

***제시된 악보의 리듬을 일정한 템포에 맞춰 입으로 정확하게 연습해 보세요.**

♩= 65

①

②

B. 음정 – 장2도와 단2도 듣기

1) 장2도, 단2도 듣기

ex 1 장2도 <학교종> 김메리 작사·작곡

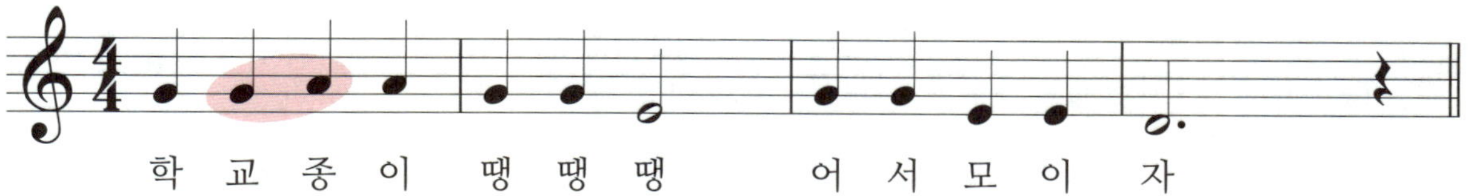

ex 2 단2도 <Blue Monk> Thelonious Monk 작곡

2) 다음 음정을 불러보면서 장2도, 단2도를 구분하는 훈련을 해보세요.

C. 시창 – 솔페지오(solfege)를 이용해 C장음계 스케일과 멜로디 익히기

1) 각 계이름의 솔페지오(solfege)를 공부해 봅시다.

• solfege(솔페지오)는 계이름으로 악보를 읽는 법을 말합니다.

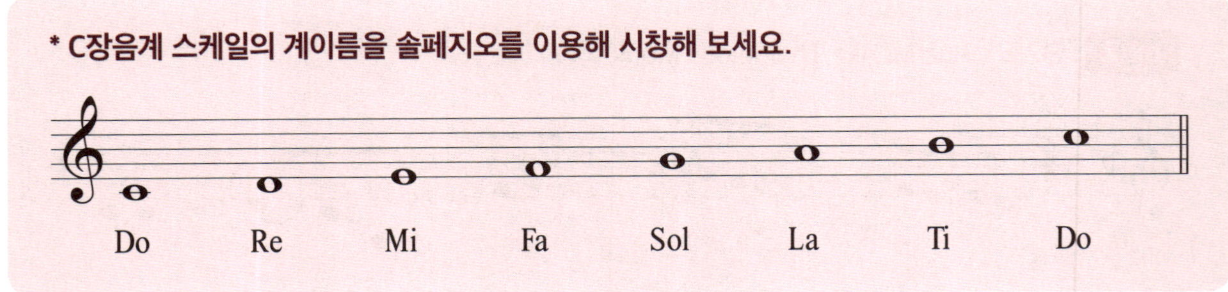

2) 솔페지오를 이용해 계이름을 시각화하는 연습을 해보세요.

① 해당 키의 "Do"를 먼저 들어보세요.

② 머릿속에 "Do"음정을 잡은 후 음정의 앞뒤 간격을 잘 생각하며 다음 음정으로
  천천히 움직여서 시창해 보세요.

③ 템포 없이 시창해 보세요.

1. Do Re Mi Re Mi Fa Sol / Mi Re Mi Re Sol Sol Mi
2. Do Re Sol Fa Mi Fa Sol / La Sol Fa MI Do Ti Do
3. Fa Mi Sol Fa Re Re Do / Sol Fa La Sol Fa Re Ti Do
4. Do Re Mi Do Mi Fa Sol / Re Do Fa Sol Do Mi Do
5. Sol Fa Mi Do La Ti Do / Do Sol La Sol Re Re Do

***제시된 악보의 멜로디를 템포에 맞춰 시창해 보세요.**

③

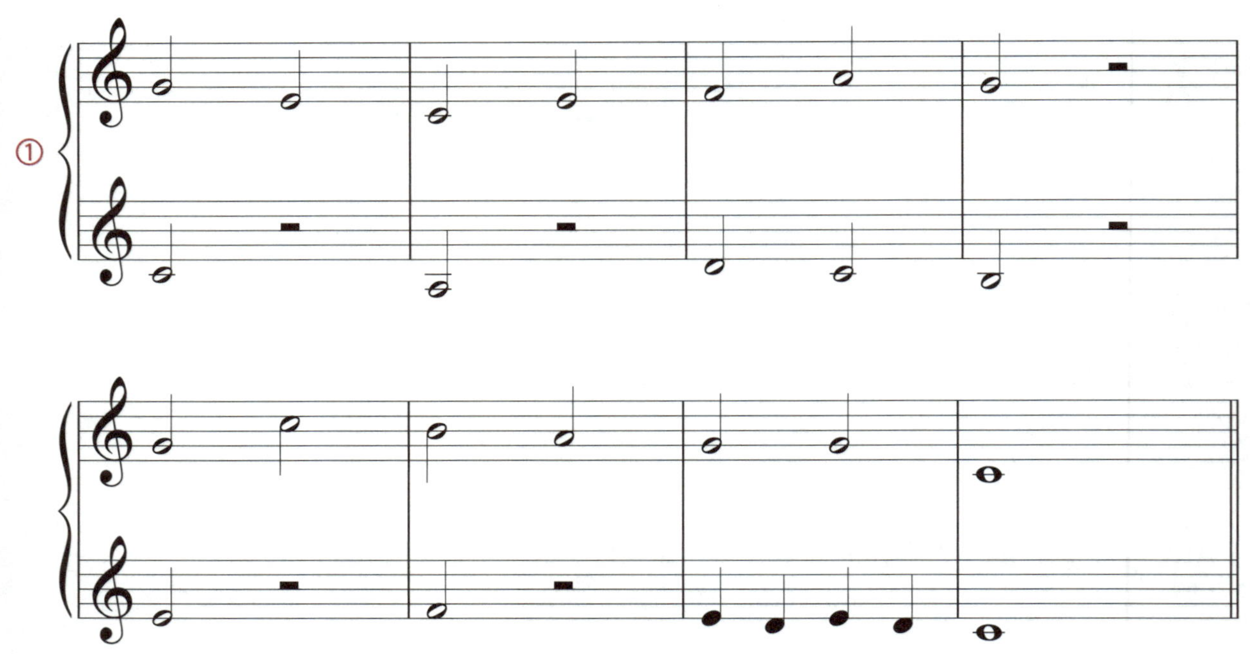

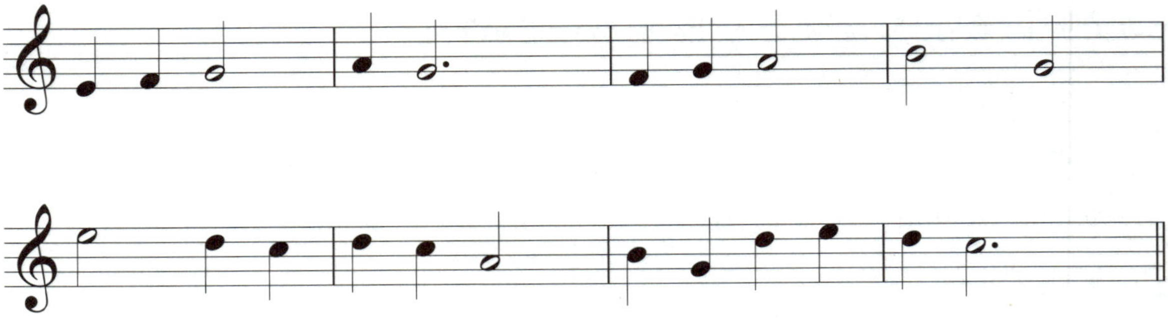

④

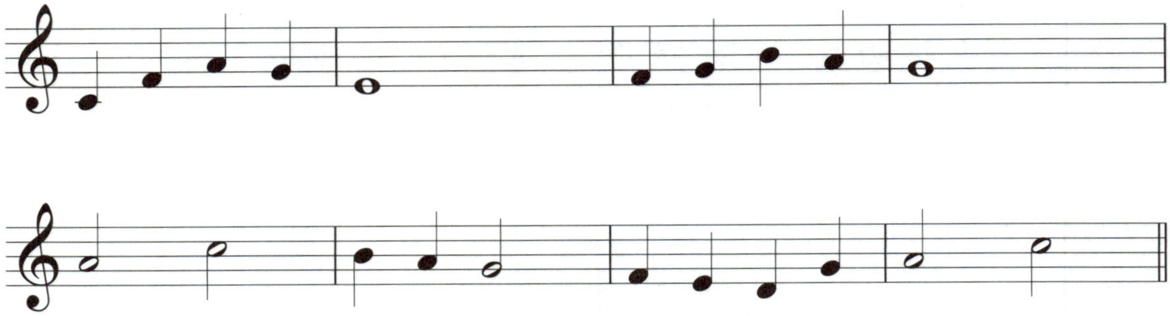

DUETS

• 주어진 듀엣 예제를 다른 학생과 같이 연습해 보세요. 서로 파트도 바꿔 연습해 보세요.

①

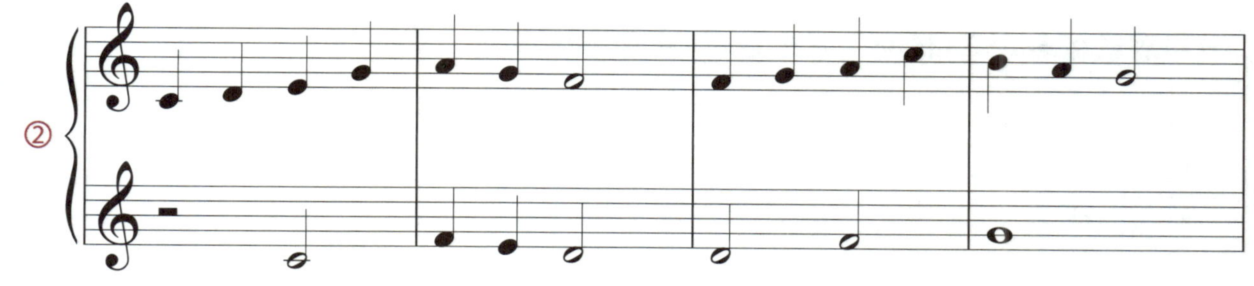

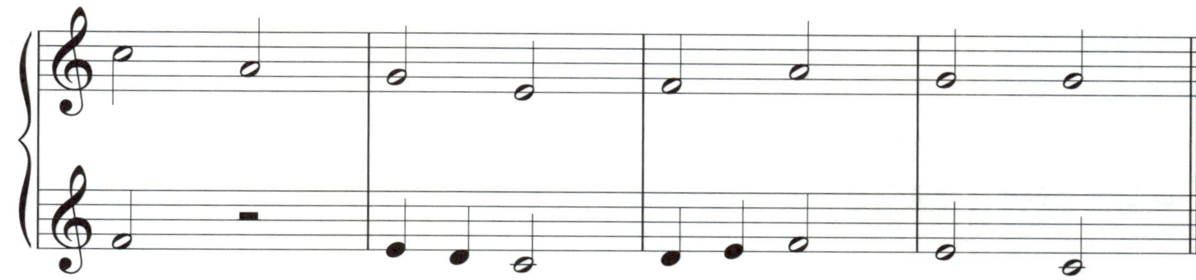

D. 청음 문제풀이 🎧

1) 다음 들려주는 리듬을 듣고 적어보세요.

1-1)

1-2)

2) 다음 들려주는 두 음을 잘 듣고 맞는 음을 오선 안에 그리고, 빈칸에 음정의 이름을 적어
보세요.

3) 첫 음을 잘 듣고 그 다음에 나오는 멜로디를 적어보세요.

3-1) 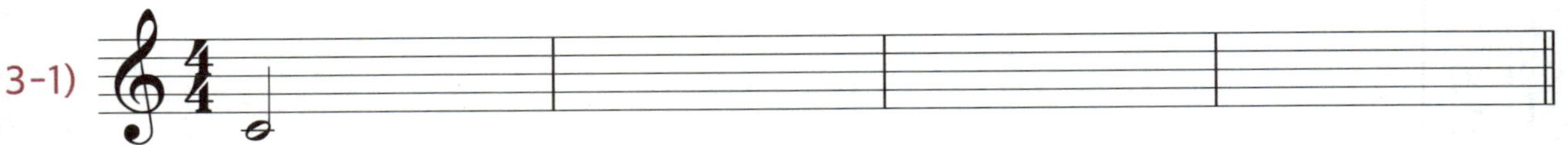

3-2) 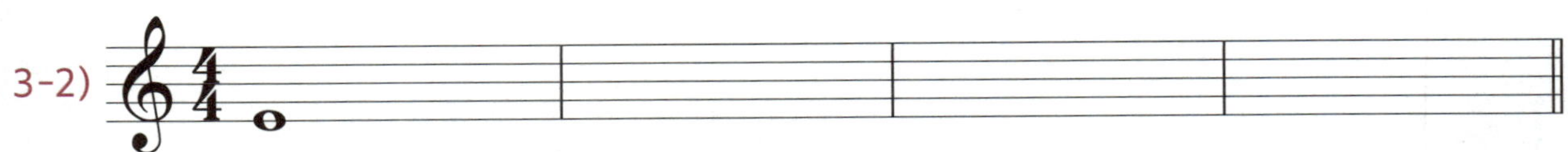

4) 다음 들려주는 멜로디를 듣고 적어보세요.

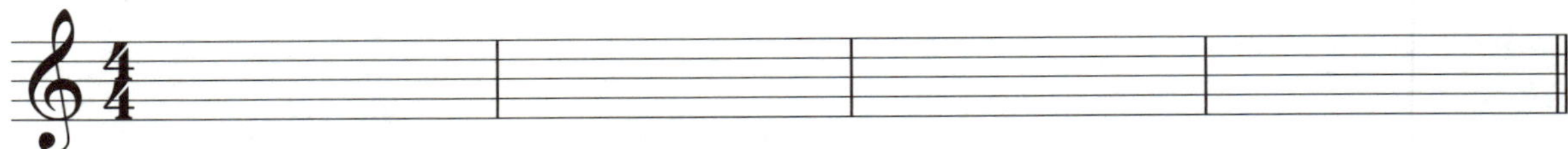

A.리듬 – 4분음표와 4분쉼표, 8분음표와 8분쉼표

1) 4분음표와 4분쉼표

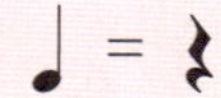

- 4분음표(Quarter note): 검은 둥근 머리에 기둥이 있는 음표로 **1박자 동안 연주**합니다.
- 4분쉼표(Quarter rest): 번개 모양처럼 생겼으며 오선의 첫째 칸에서 넷째 칸에 들어오게 표기하고 **1박자 동안 쉴 때 사용**합니다.

2) 8분음표와 8분쉼표

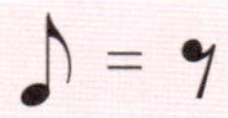

- 8분음표(Eighth note): 4분음표 뒤에 꼬리가 달린 음표로 **반 박자 동안 연주**합니다.
- 8분쉼표(Eighth rest): 검은 둥근 머리가 오선의 셋째 칸에 들어오게 표기하고 둘째 칸까지 내려오는 사선으로 그립니다. **반 박자 동안 쉴 때 사용**합니다.

***제시된 악보의 리듬을 일정한 템포에 맞춰 입으로 정확하게 연습해 보세요.**

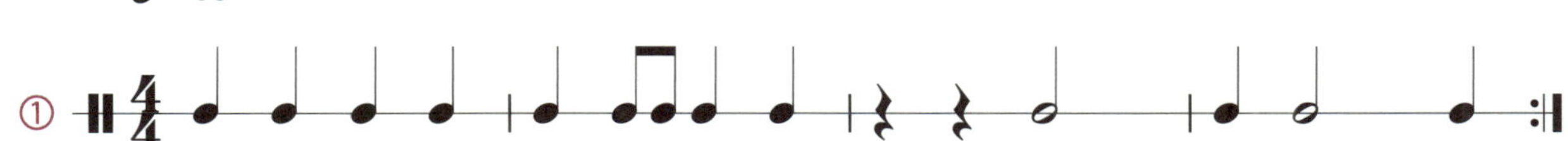

③
④
⑤
⑥

B. 음정 – 장3도와 단3도 듣기

1) 장3도와 단3도 듣기

EX) 장3도 <똑같아요> 외국 곡, 윤석중 작사

EX) 단3도 <에델바이스> R. C. Rodgers 작곡

2) 다음 음정을 불러보면서 장3도, 단3도를 구분하는 훈련을 해보세요.

C. 시창 – 솔페지오를 이용해 상행하는 반음계 스케일과 멜로디 익히기

1) 각 계이름의 솔페지오를 공부해 봅시다.

2) 솔페지오를 이용해 계이름을 시각화하는 연습을 해봅시다.

① 해당 키의 "Do"를 먼저 들어보세요.

② 머릿속에 "Do" 음정을 잡은 후 음정의 앞뒤 간격을 잘 생각하며 다음 음정으로
천천히 움직여서 시창해 보세요.

③ 템포 없이 시창해 보세요.

*** 제시된 악보의 멜로디를 템포에 맞춰 시창해 보세요.**

③

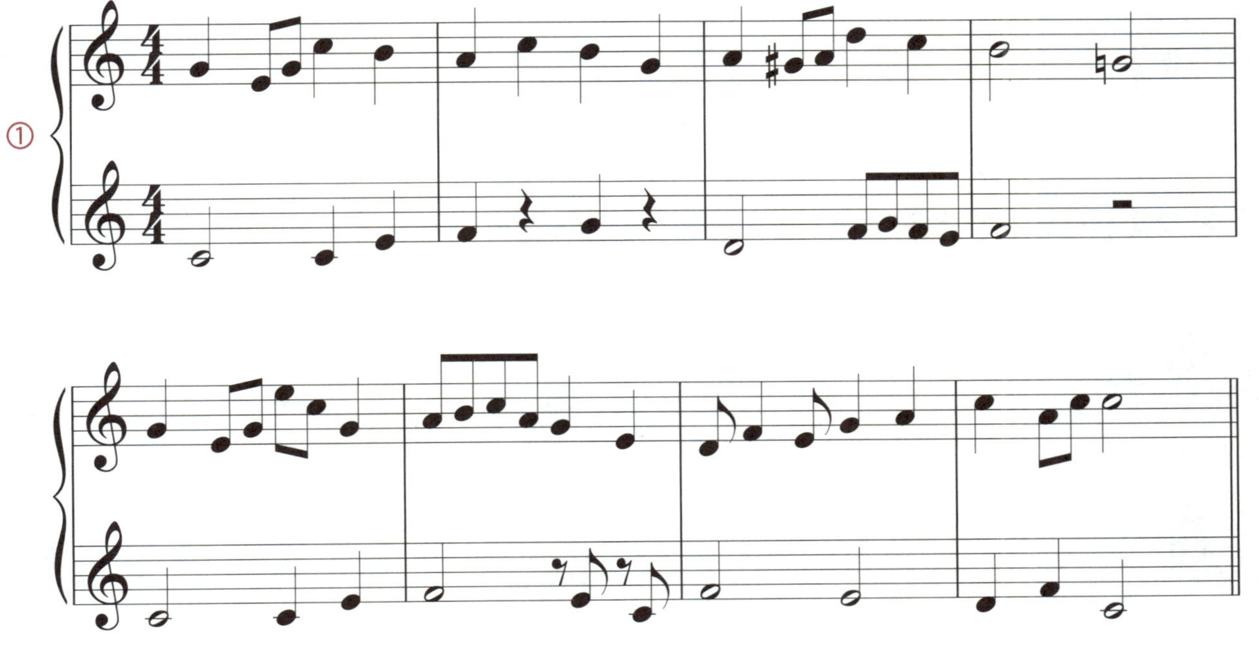

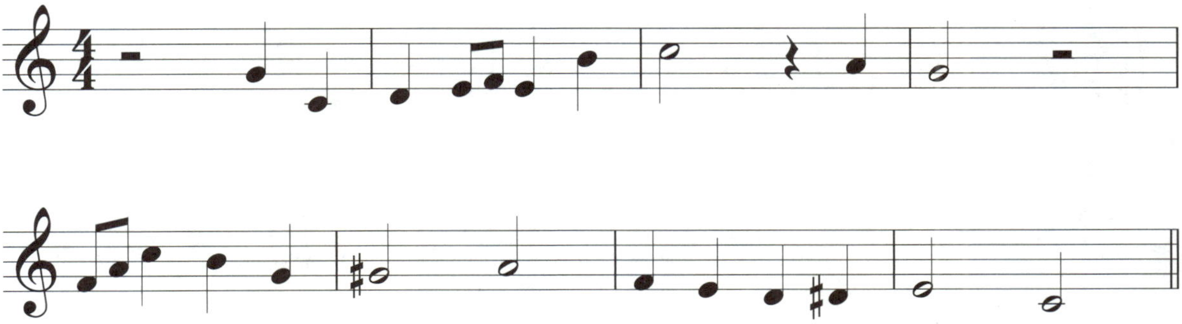

④

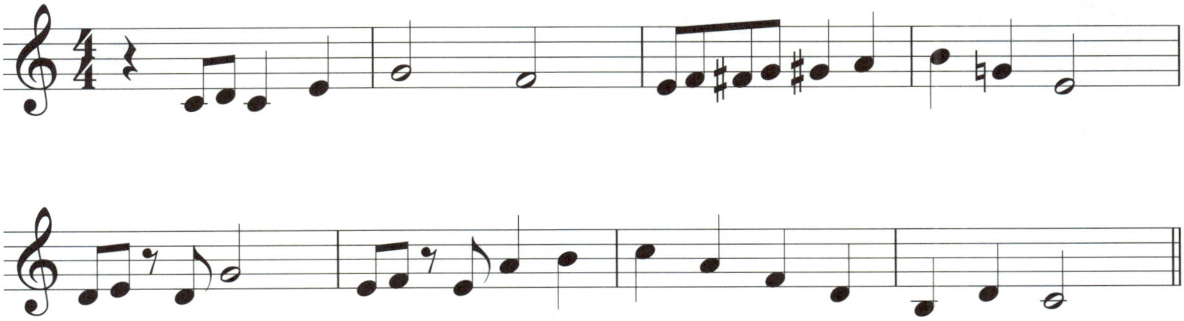

DUETS

• 주어진 듀엣 예제를 다른 학생과 같이 연습해 보고, 서로 파트도 바꿔 연습해 보세요.

①

D. 청음 문제풀이 

1) 다음 들려주는 리듬을 듣고 적어보세요.

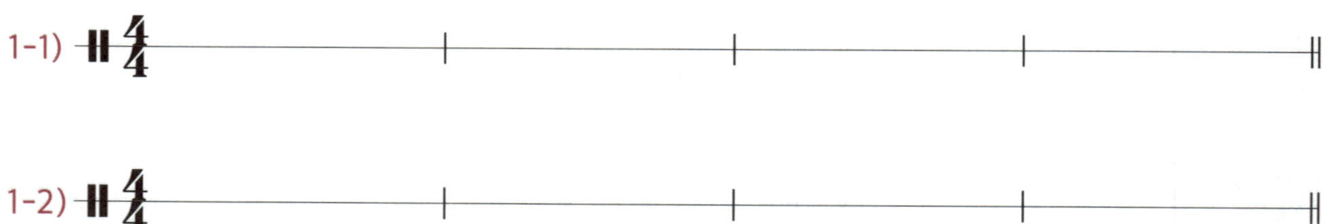

2) 다음 들려주는 두 음을 잘 듣고 맞는 음을 오선 안에 그리고, 빈칸에 음정의 이름을 적어보세요.

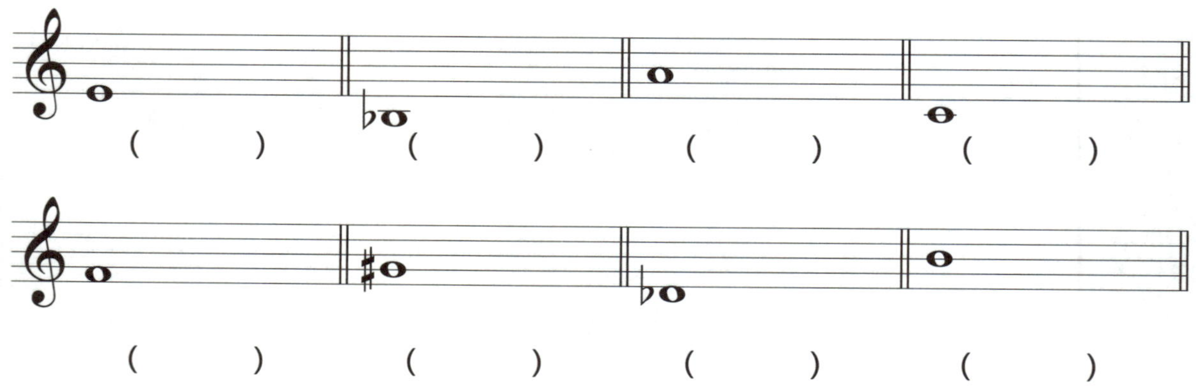

3) 첫 음을 잘 듣고 그 다음에 나오는 멜로디를 적어보세요.

3-1)
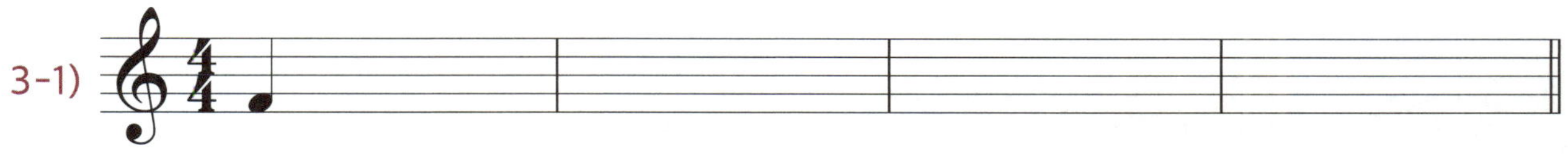

3-2)
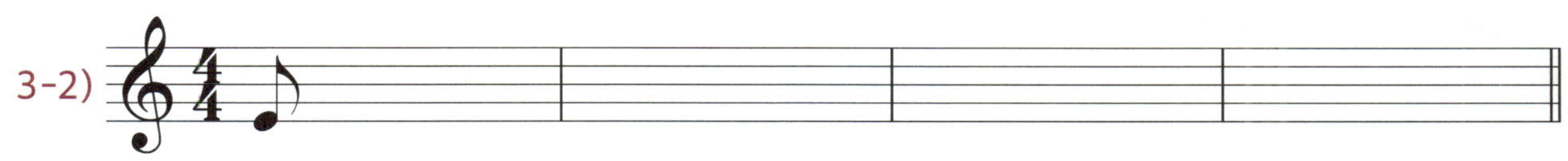

4) 다음 들려주는 멜로디를 듣고 적어보세요.

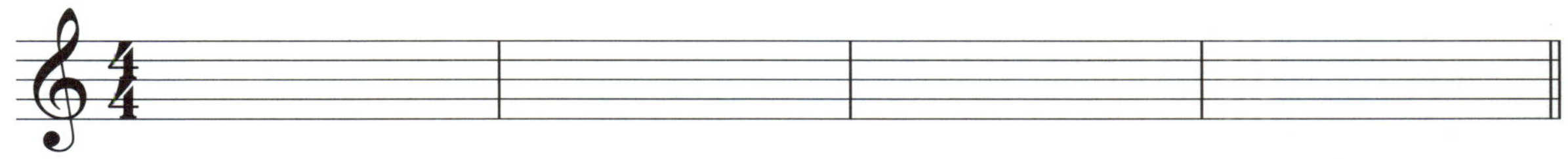

A. 리듬 – 점2분음표와 점2분쉼표, 점4분음표와 점4분쉼표

1) 점2분음표와 점2분쉼표

- 점2분음표(Dotted half note): 2분음표 옆에 점을 찍으면 점2분음표가 됩니다. 점은 해당 음표의 반 박자를 의미합니다. 2분음표의 반은 한 박자이며, **총 세 박자 동안 연주합니다.**
- 점2분쉼표(Dotted half rest): 2분쉼표 오른쪽 위에 점을 찍으면 점2분쉼표가 됩니다. 점은 해당 쉼표의 반 박자를 의미합니다. 2분쉼표의 반은 한 박자이며, **총 세 박자 동안 연주하지 않고 쉽니다.**

2) 점4분음표와 점4분쉼표

- 점4분음표(Dotted Quarter note): 4분음표 오른쪽 옆에 점을 찍으면 점4분음표가 됩니다. 점은 해당 음표의 반 박자를 의미합니다. 4분음표의 반은 반 박자이며, **총 한 박자 반을 연주합니다.**
- 점4분쉼표 (Dotted Quarter rest): 번개 모양 같이 생긴 4분쉼표 오른쪽 위에 점을 찍으면 점4분쉼표가 됩니다. 점은 해당 쉼표의 반 박자를 의미합니다. 점4분쉼표의 반은 반 박자이며, **총 한 박자 반을 연주하지 않고 쉽니다.**

*** 제시된 악보의 리듬을 일정한 템포에 맞춰 입으로 정확하게 연습해 보세요.**

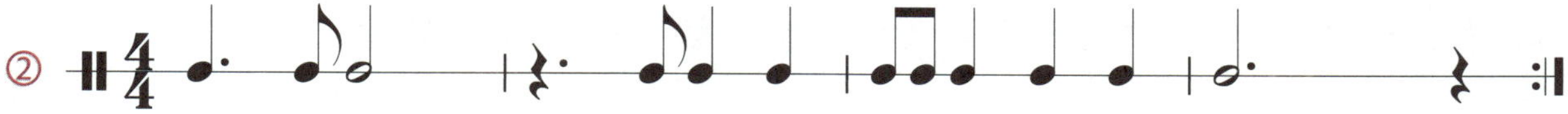

B. 음정 – 완전4도와 완전5도 듣기

1) 완전4도와 완전5도 듣기

EX) 완전4도 <애국가> 안익태 작곡

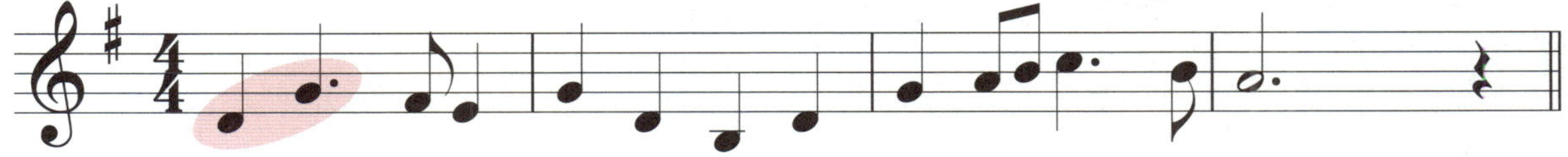

EX) 완전5도 <작은 별> W. A. Mozart 작곡

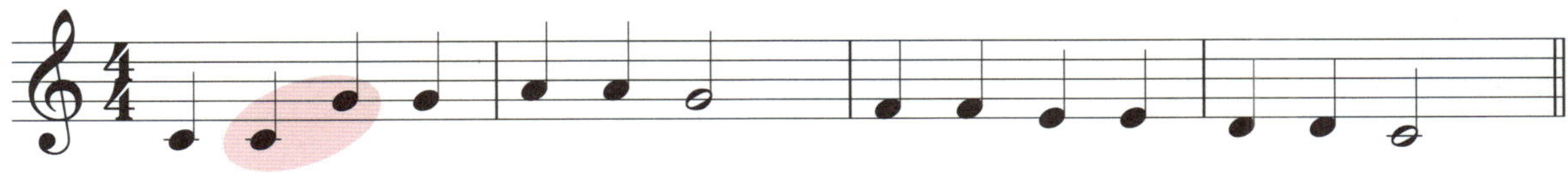

2) 다음 음정을 불러보면서 완전4도와 완전5도를 구분하는 훈련을 해보세요.

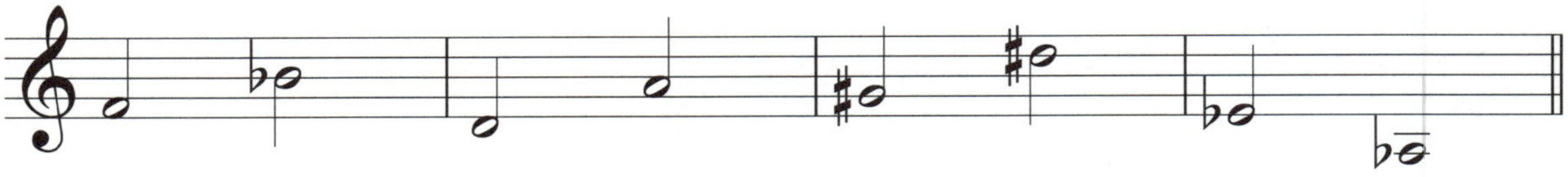

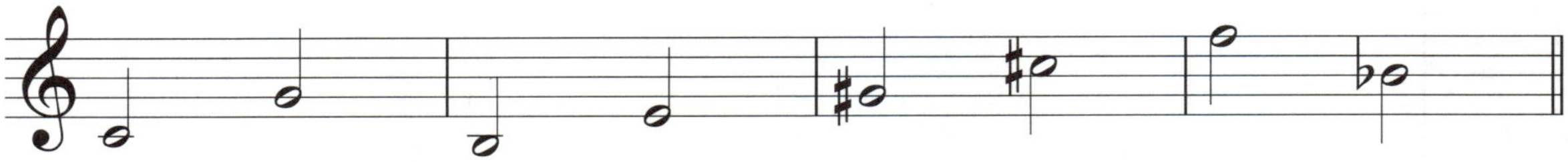

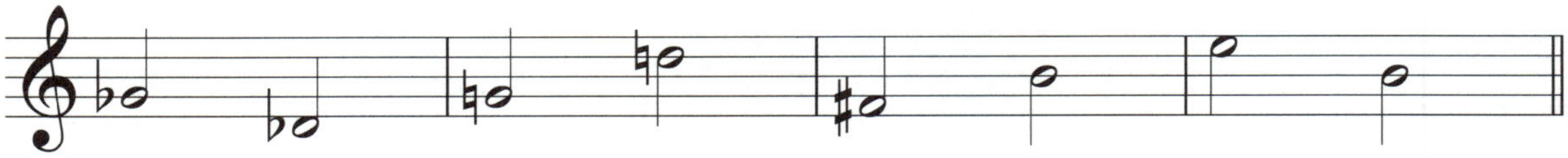

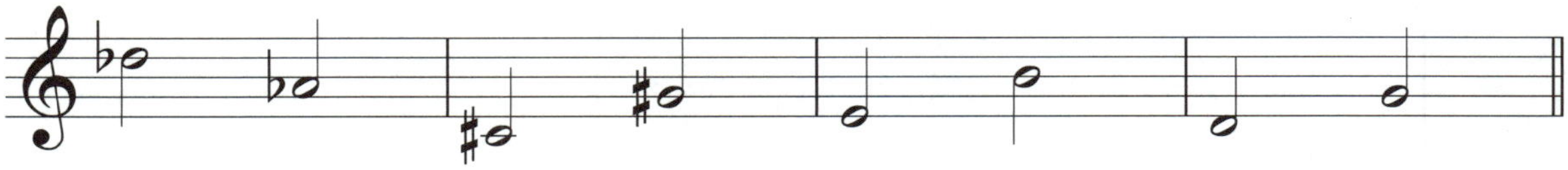

C. 시창 – 솔페지오를 이용해 하행하는 반음계 스케일과 멜로디 익히기

1) 각 계이름의 솔페지오를 공부해 봅시다.

2) 솔페지오를 이용해 계이름을 시각화하는 연습을 해봅시다.

① 해당 키의 "Do"를 먼저 들어보세요.

② 머릿속에 "Do" 음정을 잡은 후 음정의 앞뒤 간격을 잘 생각하며 다음 음정으로 천천히 움직여서 시창해 보세요.

③ 템포 없이 시창해 보세요.

1. Sol Do Fa Mi Do Re Sol / Re Sol Mi La Sol Re Mi
2. Do Sol La Mi Re Fa Do / La Fa Mi Do Fa Sol Re
3. Fa Re Sol Fa Mi Ti Do / Sol Ti Do FA Mi Re Mi
4. Sol Re Do Mi Fa Sol Do / Do Fa Sol Do Mi Re Sol
5. Mi La Sol Re Do Fa Mi / Re Do Fa La Sol Ti Do

*** 제시된 악보의 멜로디를 템포에 맞춰 시창해 보세요.**

③
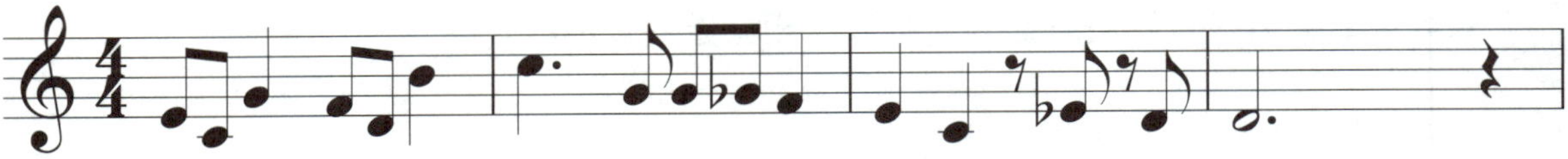

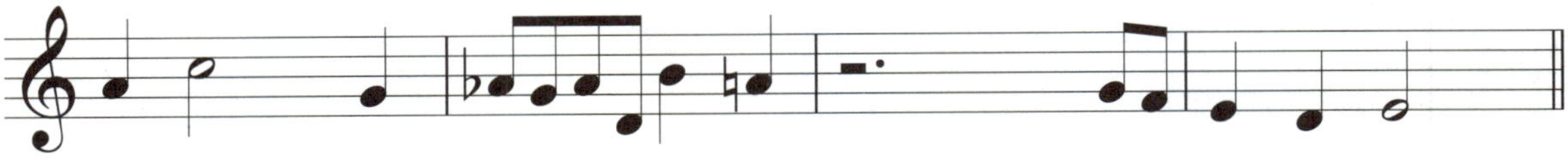

④
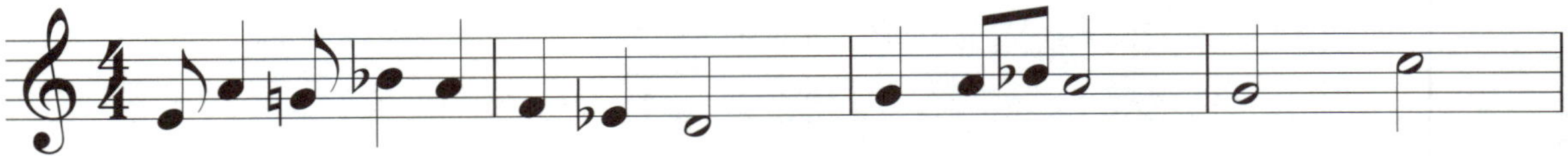

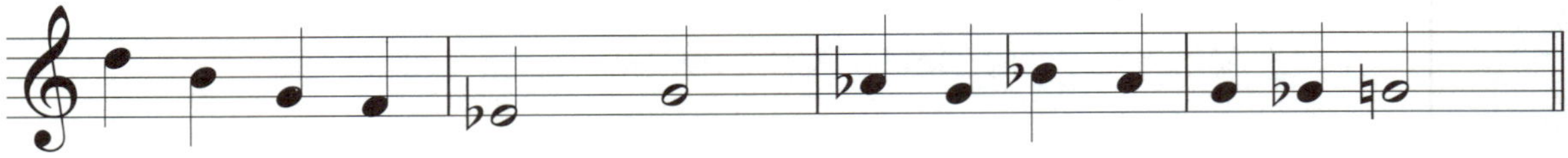

DUETS

•주어진 듀엣 예제를 다른 학생과 같이 연습해 보고, 파트도 바꿔서 연습해 보세요.

①

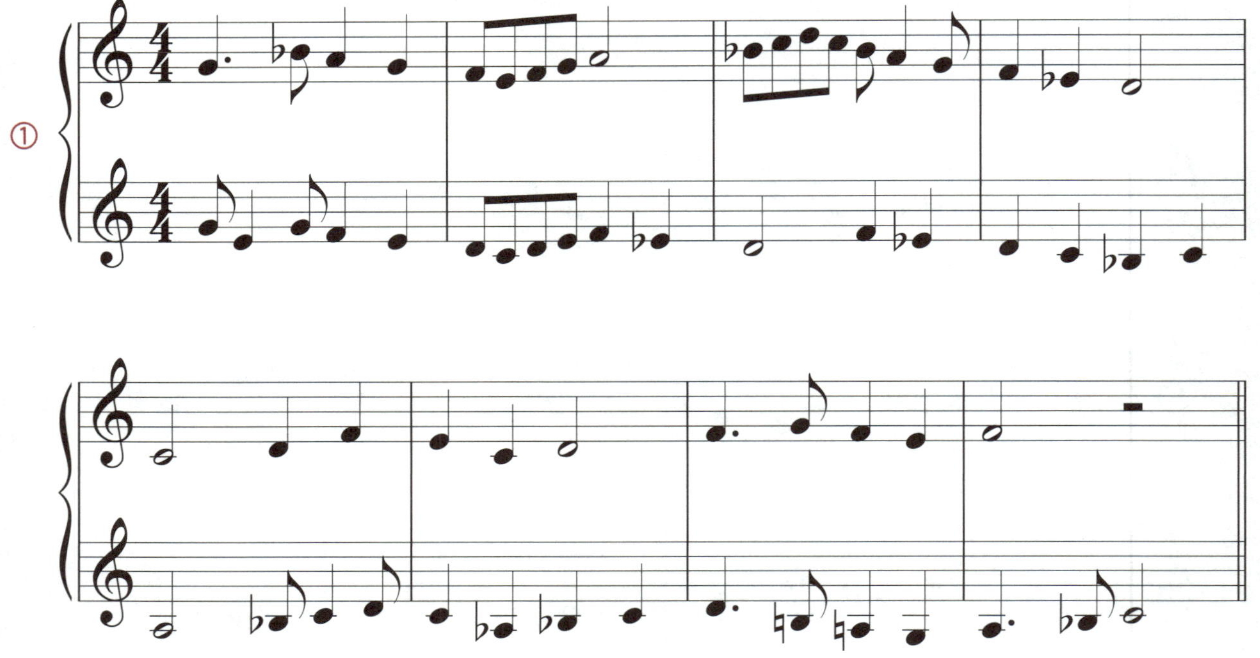

D. 청음 문제풀이 

1) 다음 들려주는 리듬을 듣고 적어보세요.

2) 다음 들려주는 두 음을 잘 듣고 맞는 음을 오선 안에 그리고, 빈칸에 음정의 이름도 적어보세요.

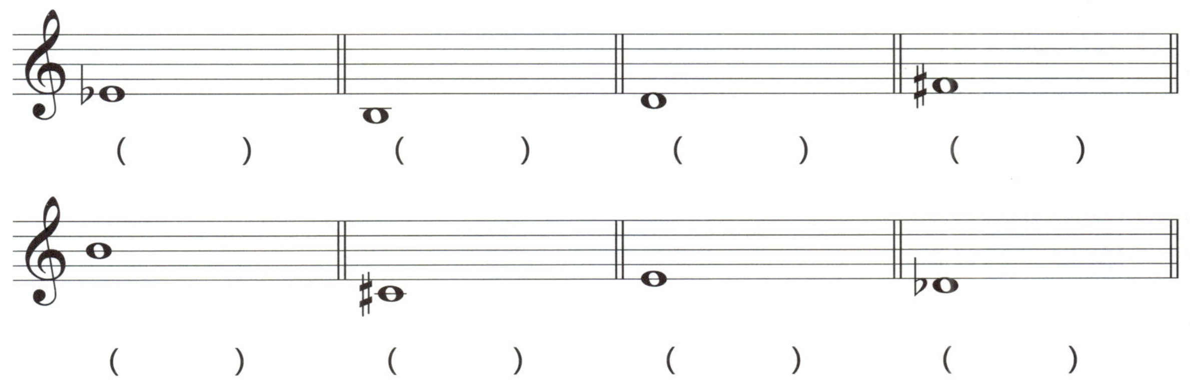

3) 첫 음을 잘 듣고 그 다음에 나오는 멜로디를 적어보세요.

3-1) 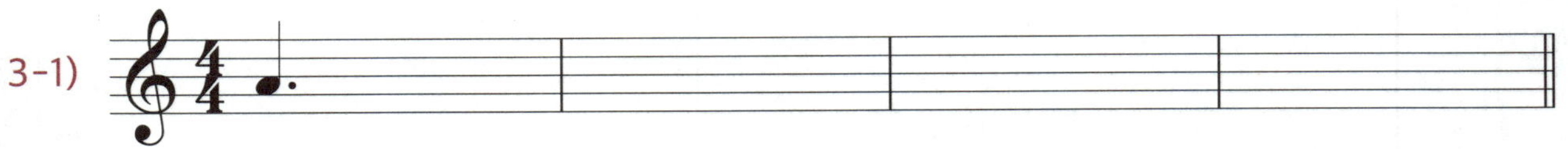

3-2) 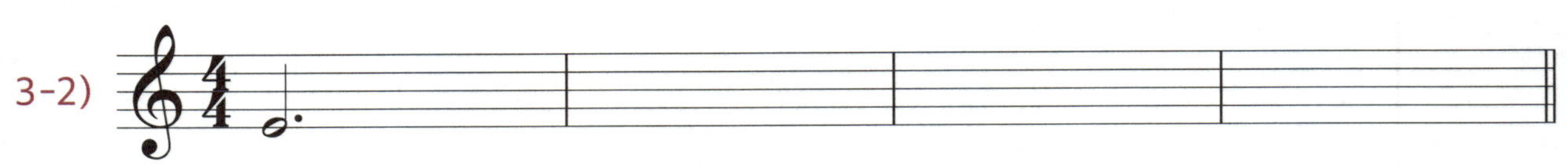

4) 다음 들려주는 멜로디를 듣고 적어보세요.

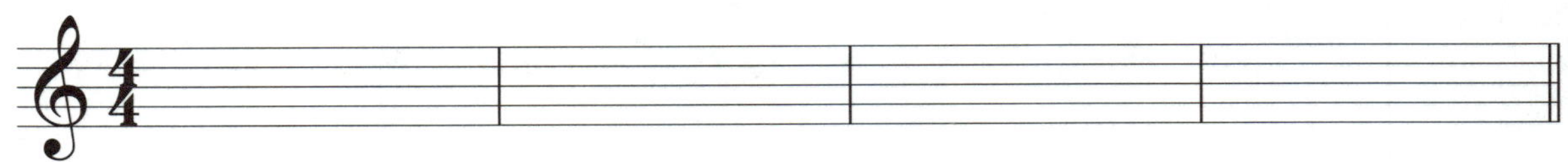

A. 리듬 – 점8분음표와 점8분쉼표, 16분음표와 16분쉼표

1) 점8분음표와 점8분쉼표

- **점8분음표(Dotted eighth note)**: 8분음표 오른쪽 옆에 점을 찍으면 점8분음표가 됩니다. 점은 해당 음표의 반 박자를 의미합니다. 8분음표의 반은 반의 반 박자이며, **총 반박 반을 연주합니다.**
- **점8분쉼표(Dotted eighth rest)**: 8분쉼표 오른쪽 위에 점을 찍으면 점8분쉼표가 됩니다. 점은 해당 쉼표의 반 박자를 의미합니다. 점8분쉼표의 반은 반의 반 박자이며, **총 반박 반을 연주하지 않고 쉽니다.**

2) 16분음표와 16분쉼표

- **16분음표(Sixteenth note)**: 8분음표 꼬리 부분에 꼬리를 하나 더 그려 넣으면 16분음표가 됩니다. 16분음표의 박의 길이는 8분음표의 반이며, **총 반의 반 박자를 연주합니다.**
- **16분쉼표(Sixteenth rest)**: 8분쉼표에 검은 머리를 하나 더 그려 넣으면 16분쉼표가 됩니다. 16분쉼표의 박의 길이는 8분쉼표의 반이며, **총 반의 반박자를 연주하지 않고 쉽니다.**

* **제시된 악보의 리듬을 일정한 템포에 맞춰 입으로 정확하게 연습해 보세요.**

②
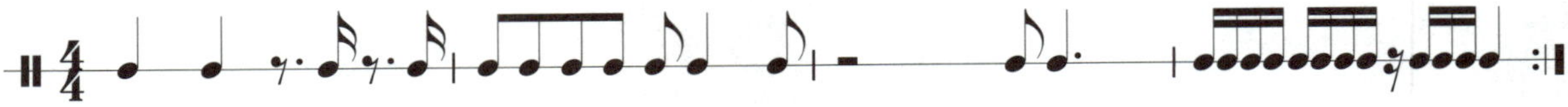

③
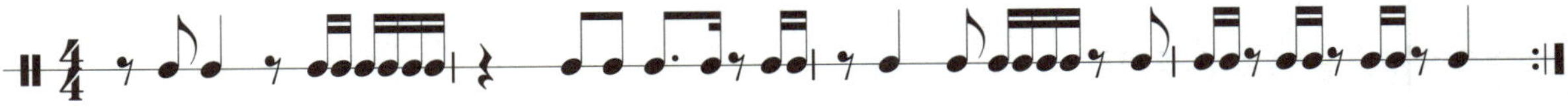

④
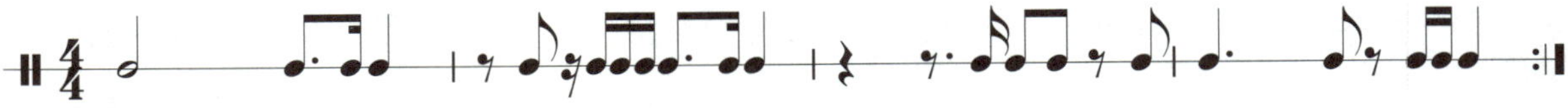

⑤
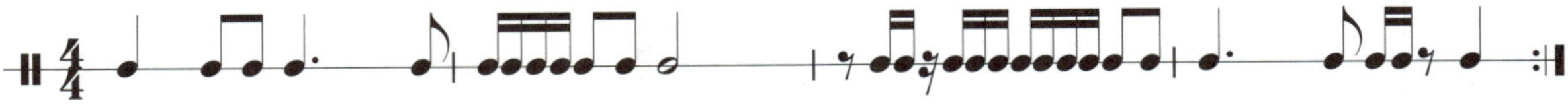

⑥
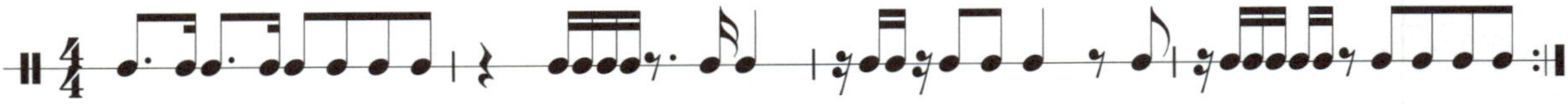

B. 음정 – 장6도와 단6도 듣기

예시 듣기

1) 장6도와 단6도 듣기

EX) 장6도 <징글벨> J. L. Pierpont 작곡

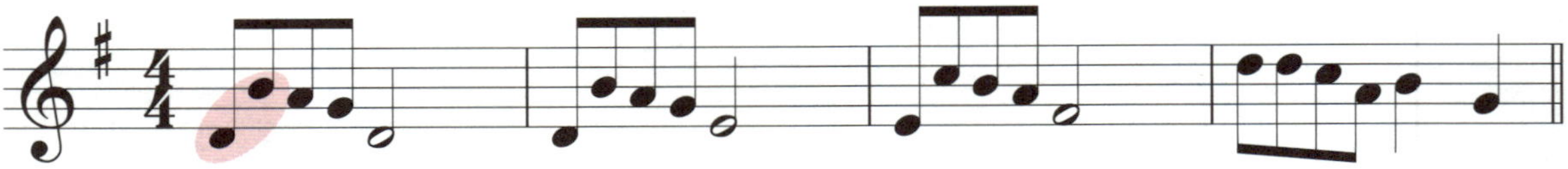

EX) 단6도 <Black Orpheus> Luiz Bonfa 작곡

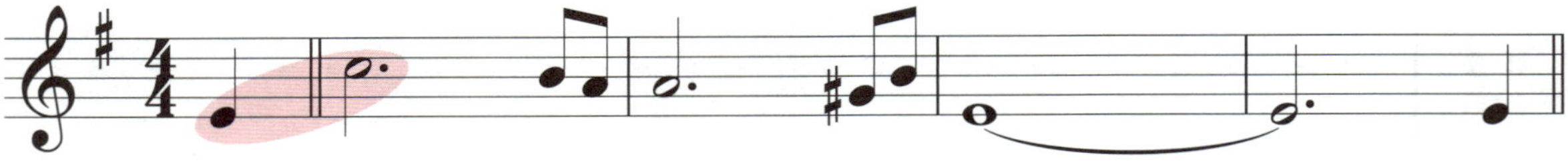

2) 다음 음정을 불러보면서 장6도와 단6도를 구분하는 훈련을 해보세요.

1) 각 계이름의 솔페지오를 공부해 봅시다.

* C 장음계 스케일의 낮은음자리표 스케일을 연습해 봅시다.

2) 솔페지오를 이용해 계이름을 시각화하는 연습을 해봅시다.

① 해당 키의 "Do"를 먼저 들어보세요.

② 머릿속에 "Do" 음정을 잡은 후 음정의 앞뒤 간격을 잘 생각하며 다음 음정으로 천천히 움직여서 시창해 보세요.

③ 템포 없이 시창해 보세요.

1. Do Fa Sol Re Ti Do Ti / Mi Re Mi Do La Sol Fa
2. Sol Do Mi Ti La Fa Sol / La Sol Fa Mi Do La Ti
3. Do La Sol Re Ti La Do / Sol Fa La Re Ti Re Ti Do
4. Fa Mi Re Sol Do Sol Re / Re Do Fa Sol Do Mi Fa
5. La Sol Mi Sol Re Ti Do / Do Sol La Re Fa Sol Mi

*** 제시된 악보의 멜로디를 템포에 맞춰 시창해 보세요.**

③

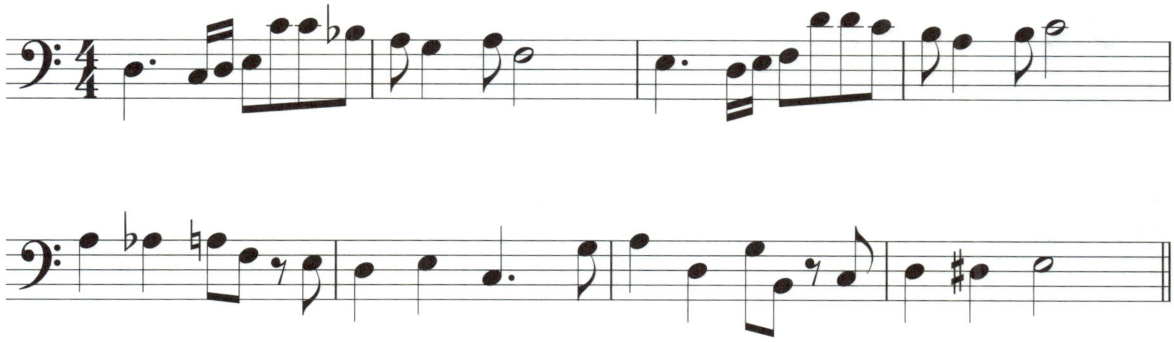

④

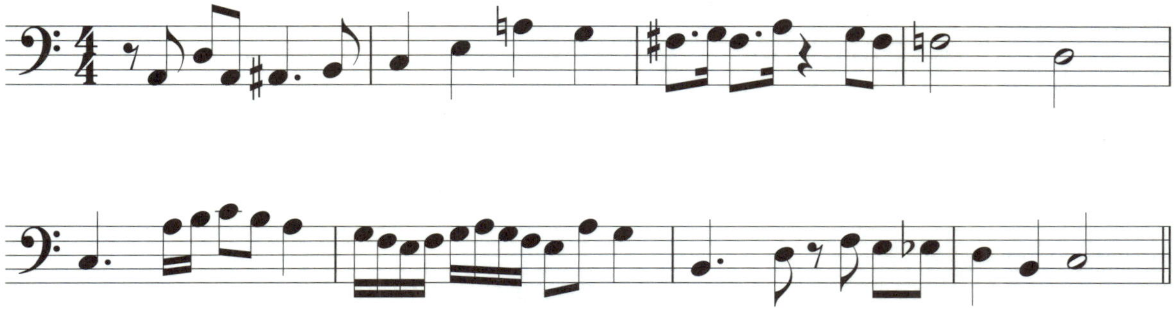

DUETS

•다음 주어진 듀엣 예제를 다른 학생과 같이 연습해 보고, 파트도 바꿔서 연습해 보세요.

①

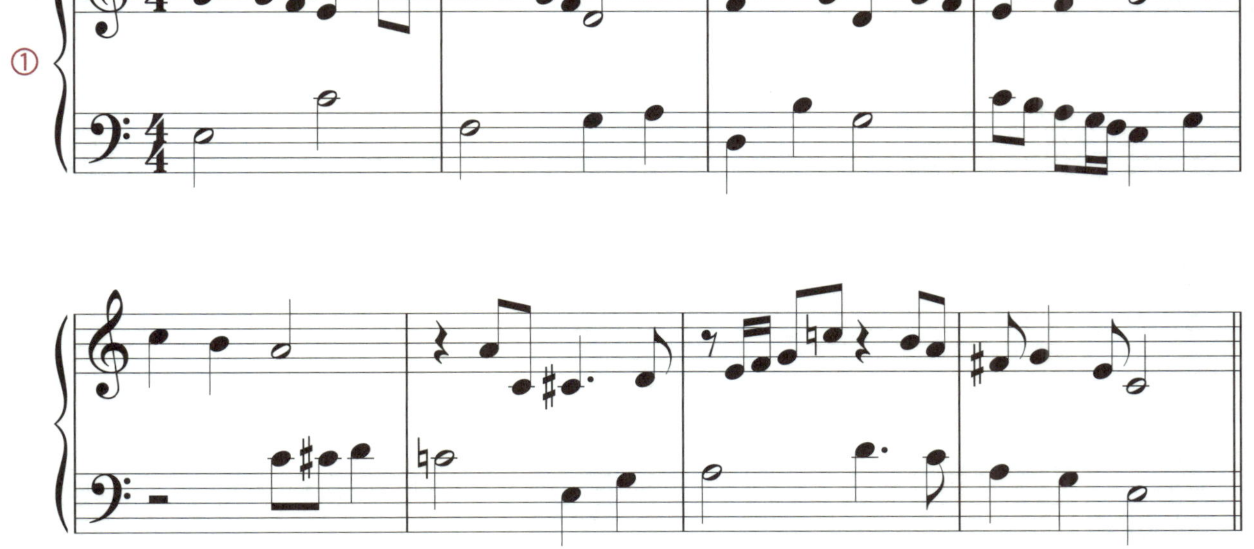

D. 청음 문제풀이 

1) 다음 들려주는 리듬을 듣고 적어보세요.

1-1) 

1-2)

2) 다음 들려주는 두 음을 잘 듣고 맞는 음을 오선 안에 그리고, 빈칸에 음정의 이름도 적어보세요.

3) 첫 음을 잘 듣고 그 다음에 나오는 멜로디를 적어보세요.

3-1) 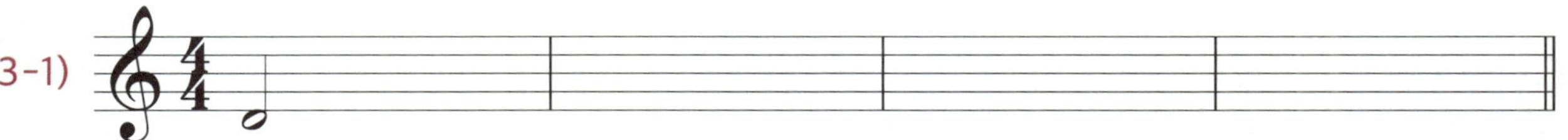

3-2) 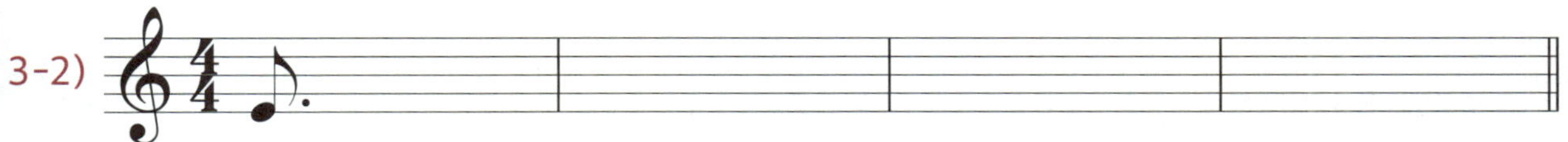

4) 다음 들려주는 멜로디를 듣고 적어보세요.

A.리듬 – 16분음표 계열의 리듬들

1) 16분음표 계열의 변형 리듬들(Sixteenth Pattern)

* 16분음표안에서 만들 수 있는 다양한 변형 리듬들을 익히고 연습해 보세요.

* 제시된 악보의 리듬을 일정한 템포에 맞춰 입으로 정확하게 연습해 보세요.

②

③

④

⑤

⑥

B. 음정 – 장7도와 단7도 듣기

1) 장7도와 단7도 듣기

EX) 장7도 <Ceora> Lee Morgan 작곡

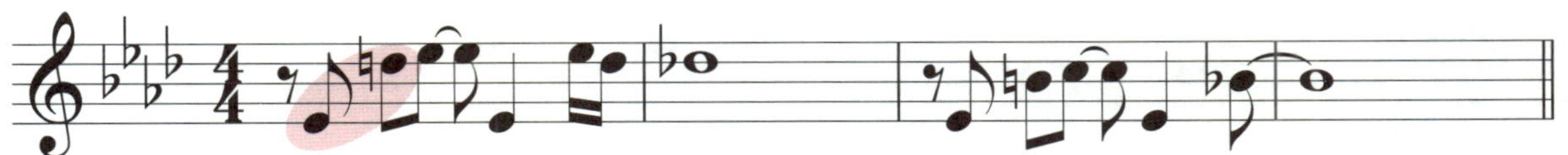

EX) 단7도 <난 행복해> 김현철 작곡

2) 다음 음정을 불러보면서 장7도와 단7도를 구분하는 훈련을 해보세요.

C. 시창 – 이동 "Do"법을 이용해 솔페지오로 조옮김 익히기 1

1) 이동 "Do"법을 이용해 조옮김(이조)해서 부르기

조옮김이란 각 음의 상대적인 음정 관계를 바꾸지 않고 그대로 다른 높이로 옮기는 것을 말합니다.

EX) G Major

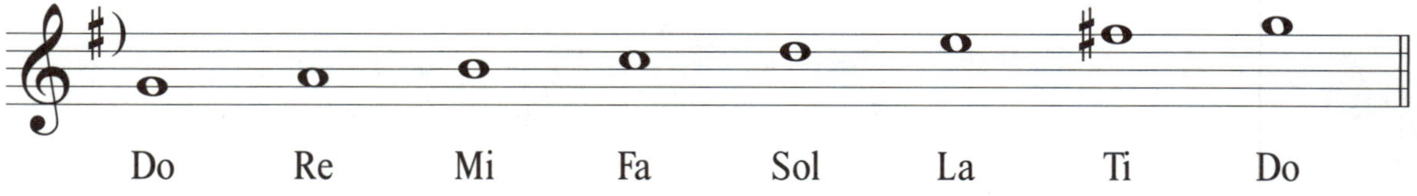

위 예제는 G Major Key이므로 G(솔)가 Do(도)가 됩니다. 각 음정을 솔페지오를 이용해 불러 보세요. 인토네이션을 확실하게 지키며 연습하는 것에 초점을 두세요.

*Intonation (인토네이션)이란 피치(Pitch)의 정확함을 말합니다.

2) 솔페지오를 이용해 계이름을 연습해 봅시다.

① 해당 키의 "Do"를 먼저 들어보세요.

② 머릿속에 "Do" 음정을 잡은 후 음정의 앞뒤 간격을 잘 생각하며 다음 음정으로 천천히 움직여서 시창해 보세요.

③ 템포없이 시창해 보세요.

*** 제시된 악보의 멜로디를 템포에 맞춰 시창해 보세요.**

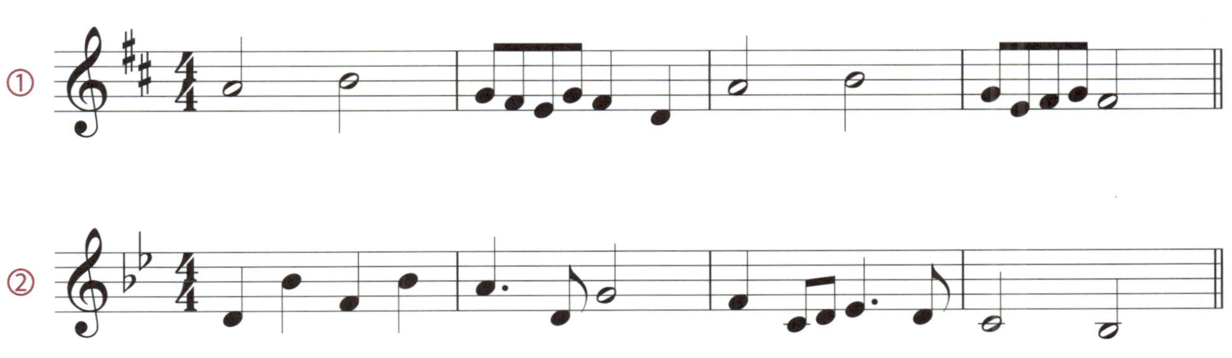

③

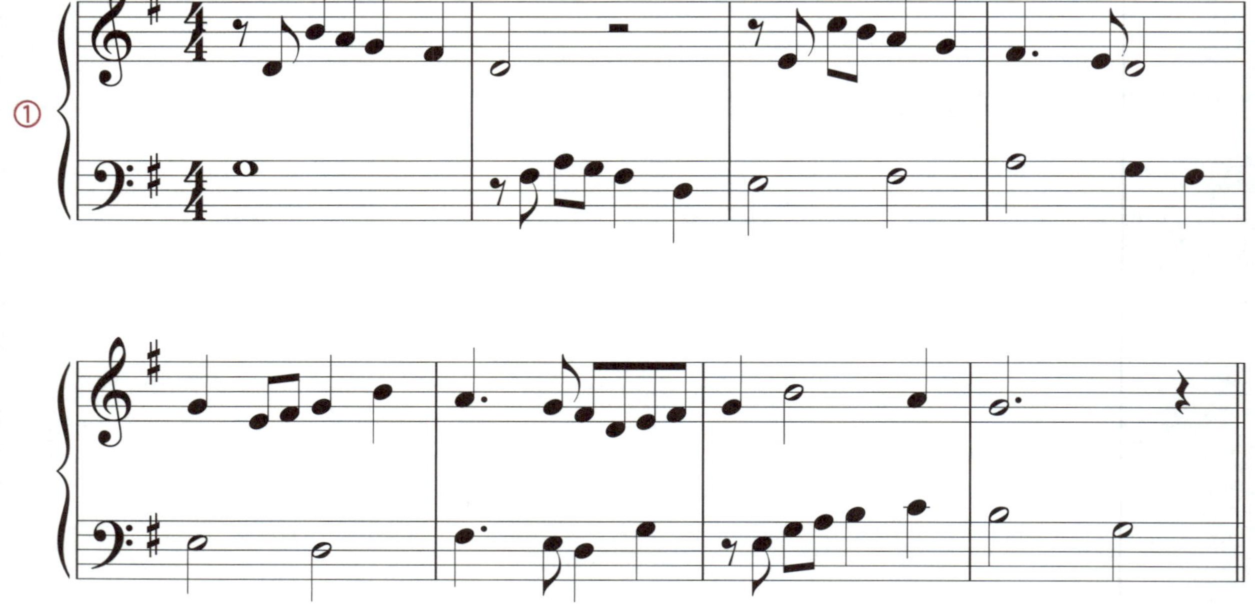

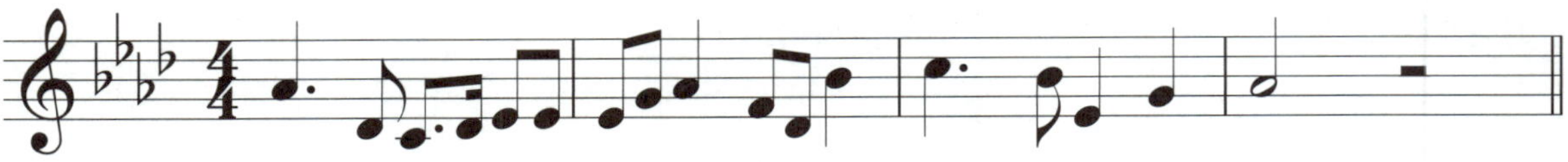

④

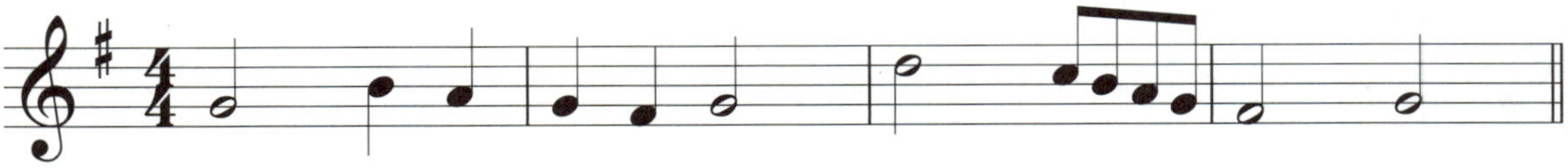

⑤

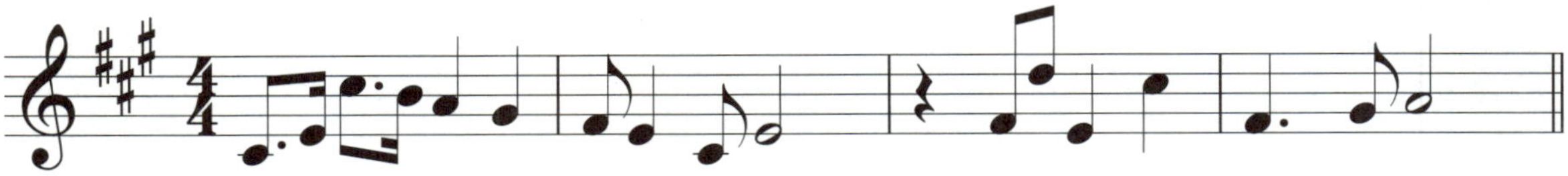

⑥

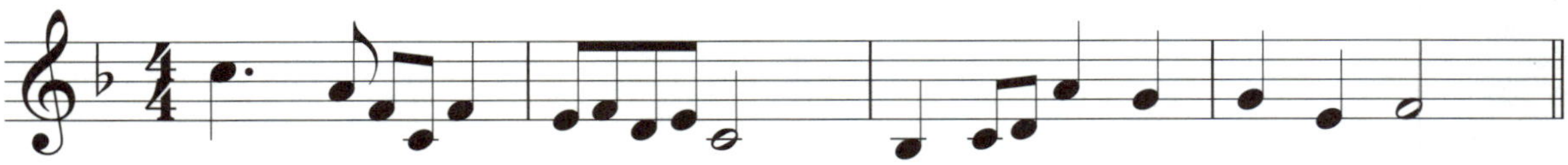

DUETS

•다음 주어진 듀엣 예제를 다른 학생과 같이 연습해 보고, 파트도 바꿔 연습해 보세요.

①

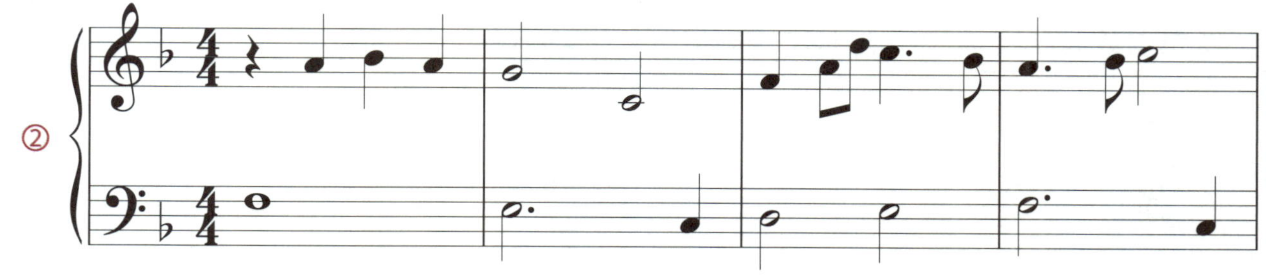

D. 청음 문제풀이 🎧

1) 다음 들려주는 리듬을 듣고 적어보세요.

1-1) 

1-2) 

2) 다음 들려주는 두 음을 잘 듣고 맞는 음을 오선 안에 그리고, 빈칸에 음정의 이름도 적어보세요.

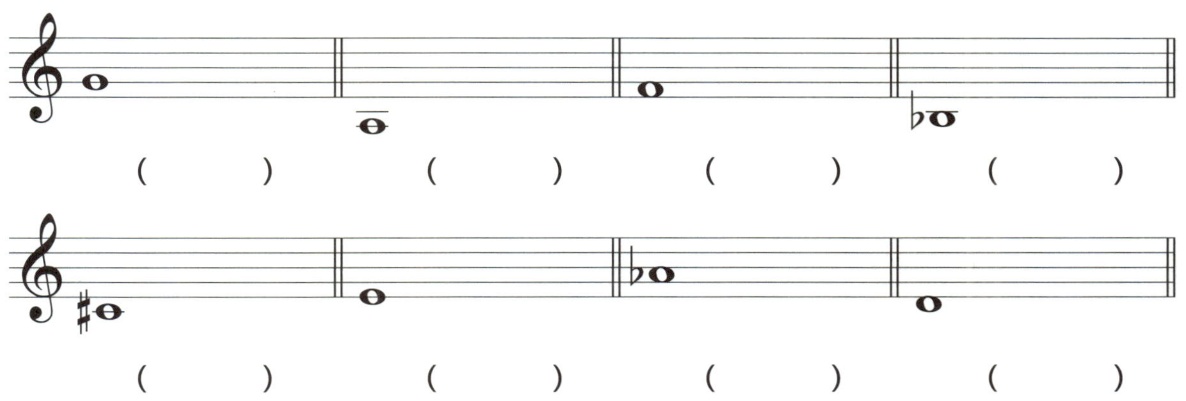

3) 첫 음을 잘 듣고 그 다음에 나오는 멜로디를 적어보세요.

3-1)

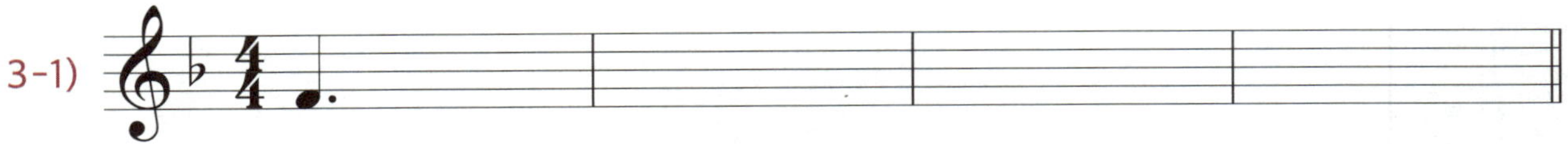

3-2)

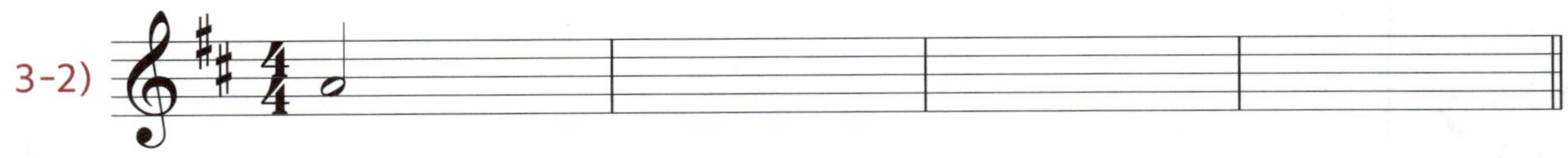

4) 다음 들려주는 멜로디를 듣고 적어보세요.

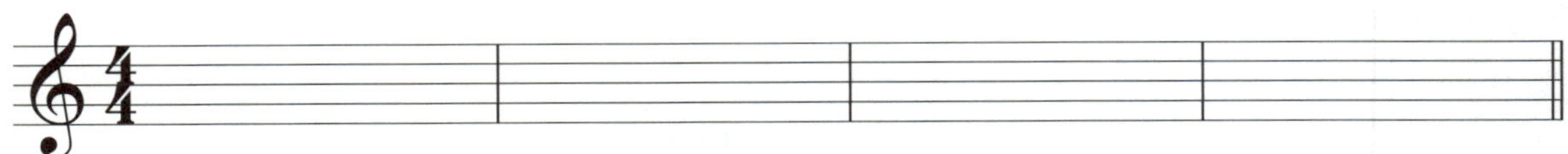

A. 리듬 – 붙임줄(tie)과 당김음(syncopation) 연습

붙임줄(Tie)과 당김음(syncopation)

1) 붙임줄(Tie)

– 음높이가 같은 두 음을 연결한 것을 붙임줄이라고 합니다.

– 하나의 음처럼 소리가 연결되게 연주합니다.

EX) 붙임줄(Tie)

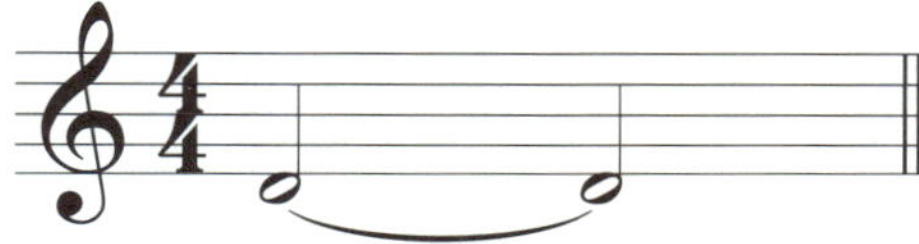

2) 당김음(syncopation)

– 약박의 음이 뒤의 강박의 음과 붙임줄로 이어지거나, 강박에 쉼표가 붙어 약박이 강박으로 위치가 바뀌는 경우가 있습니다.

– 이를 당김음(syncopation)이라고 합니다.

EX) 당김음(Syncopation)

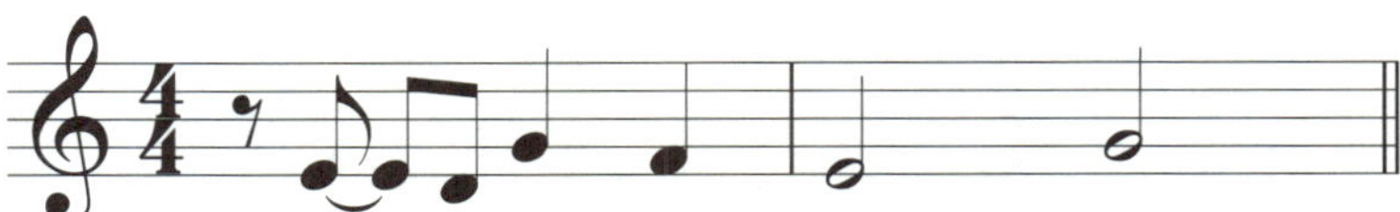

* 제시된 악보의 리듬을 일정한 템포에 맞춰 입으로 정확하게 연습해 보세요.

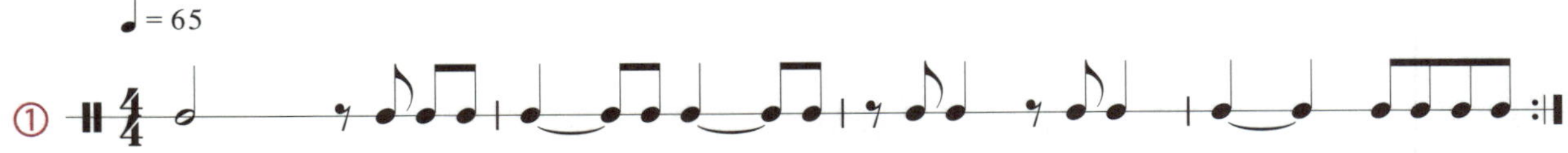

B. 음정 – 증4도와 증5도, 감5도 듣기

1) 증4도

EX) 완전4도와 증4도

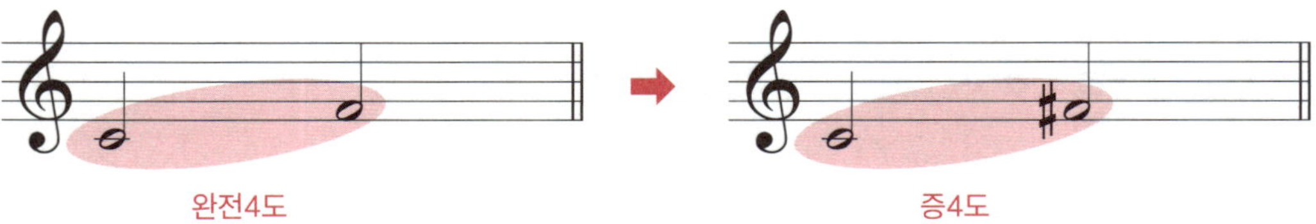

- 증4도는 완전4도보다 반음만큼 간격이 넓은 음정입니다.
- 완전4도 음정을 정확히 외운 다음 그 기준점에서 반음이 넓은 증4도 사운드를 알아
  내도록 합니다.

2) 감5도

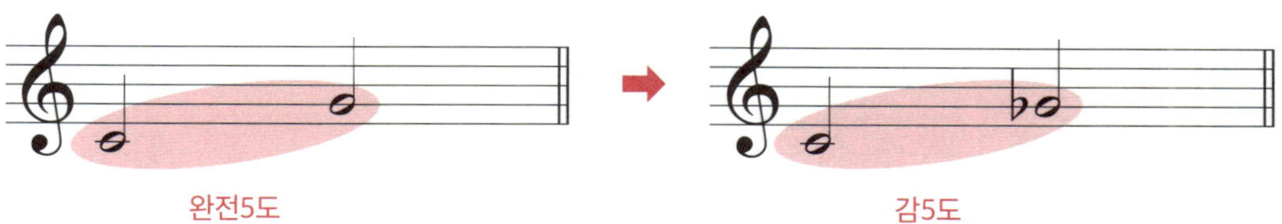

- 감5도는 완전5도보다 반음만큼 간격이 좁은 음정입니다.
- 완전5도 음정을 정확히 외운 다음 그 기준점에서 반음이 좁은 감5도 사운드를 알아
  내도록 합니다.

3) 증5도

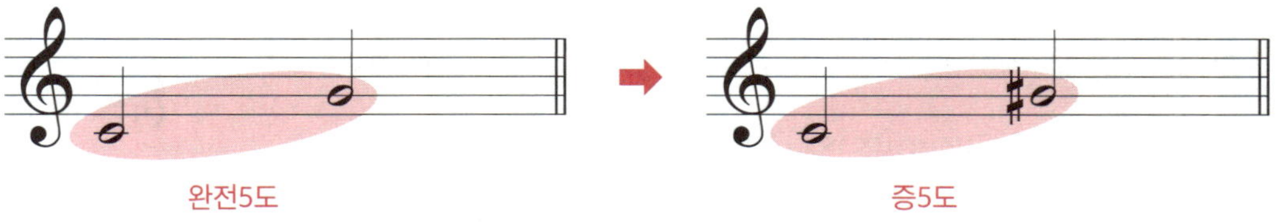

- 증5도는 완전5도보다 반음만큼 간격이 넓은 음정입니다.
- 완전5도 음정을 정확히 외운 다음 그 기준점에서 반음이 넓은 증5도 사운드를 알아내
  도록 합니다.
- 증4도와 증5도 그리고 감5도 같이 특유한 음색은 처음에는 어렵게 들릴 수 있지만 증
  과 감의 사운드를 정확히 훈련해서 알게 되면 바로 구분되는 음정입니다.

* 다음 음정을 불러보면서 증4도, 증5도 그리고 감5도를 구분하는 훈련을 해보세요.

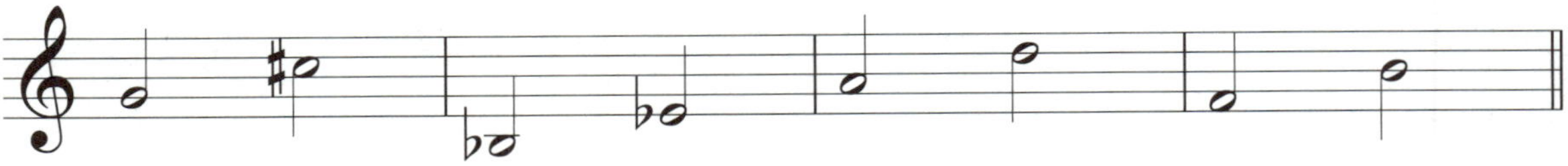

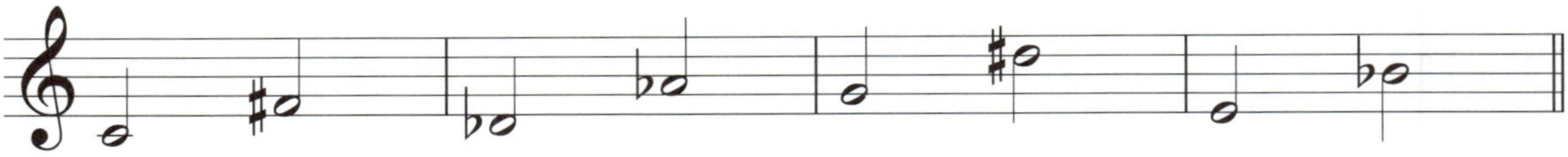

C. 시창 – 이동 "Do"법을 이용해 솔페지오로 조옮김 익히기 2

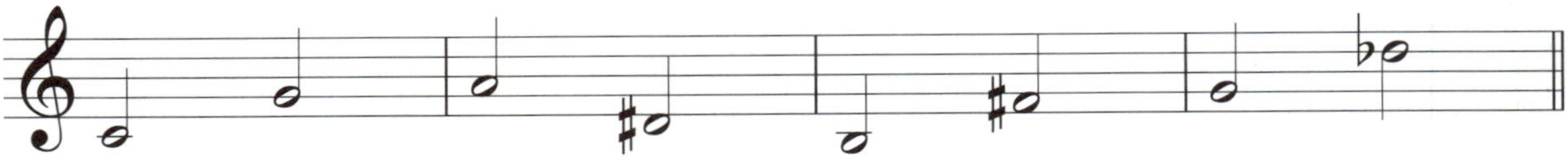

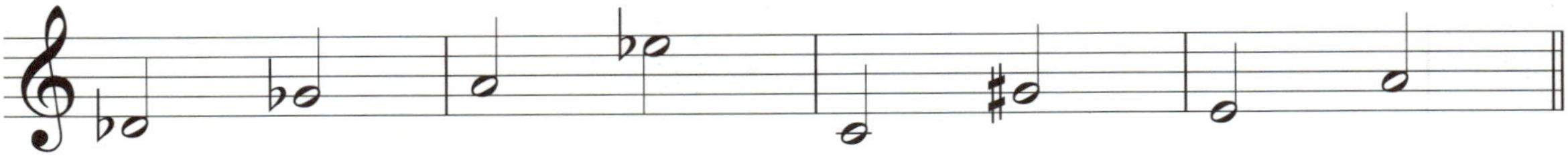

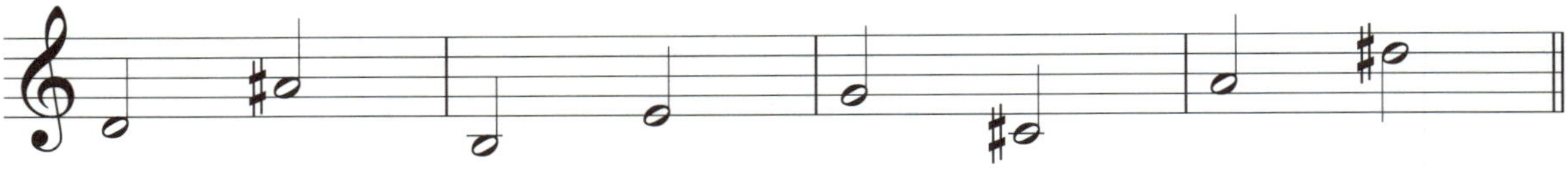

1) 이동 "Do"법을 이용해 조옮김(이조)해서 부르기

조옮김이란 각 음의 상대적인 음정 관계를 바꾸지 않고 그대로 다른 높이로 옮기는 것을 말합니다.

EX) F Major

- 위 예제는 F Major Key이므로 F(파)가 Do(도)가 됩니다.

- 각 음정을 솔페지오를 이용해 불러보세요.

- 인토네이션을 확실하게 지키며 연습하는 것에 초점을 두세요.

2) 솔페지오를 이용해 계이름을 연습해 봅시다.

① 해당 키의 "Do"를 먼저 들어보세요.

② 머릿속에 "Do" 음정을 잡은 후 음정의 앞뒤 간격을 잘 생각하며 다음 음정으로 천천
히 움직여서 시창해 보세요.

③ 템포 없이 시창해 보세요.

*** 제시된 악보의 멜로디를 템포에 맞춰 시창해 보세요.**

DUETS

•다음 주어진 듀엣 예제를 다른 학생과 같이 연습해 보고, 파트도 바꿔 연습해 보세요.

D. 청음 문제풀이 

1) 다음 들려주는 리듬을 듣고 적어보세요.

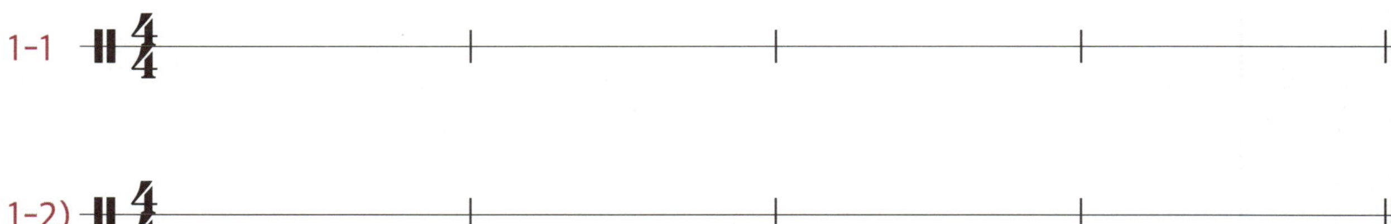

2) 다음 들려주는 두 음을 잘 듣고 맞는 음을 오선 안에 그리고, 빈칸에 음정의 이름도 적어보세요.

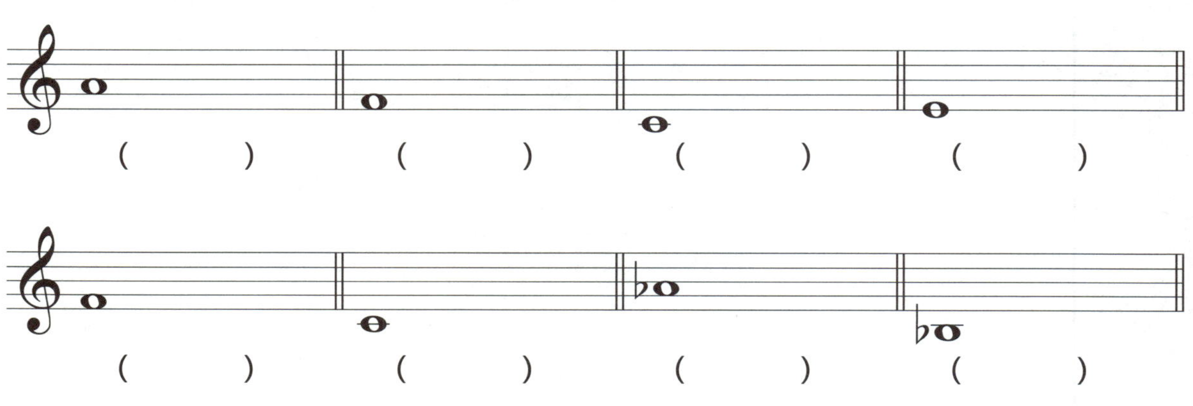

3) 첫 음을 잘 듣고 그 다음에 나오는 멜로디를 적어보세요.

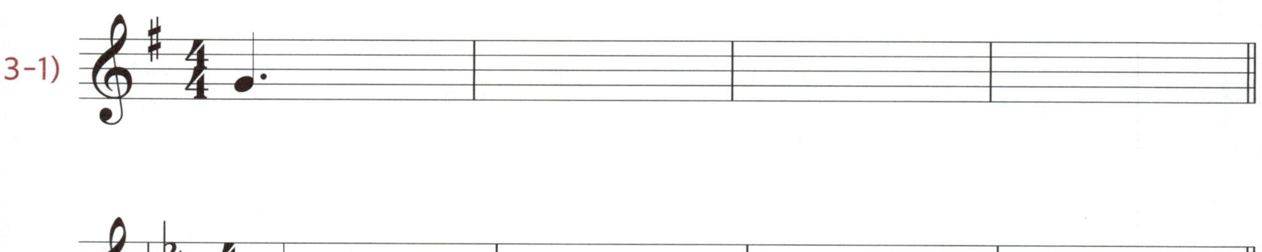

4) 다음 들려주는 멜로디를 듣고 적어보세요.

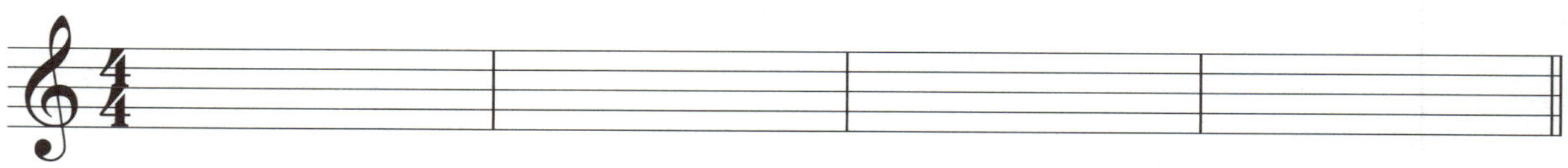

중간고사

– 중간고사는 앞에서 배운 것들을 다시 한번 점검하여 여러분의 실력을 향상시키기
위한 매우 중요한 단계입니다.

– 중간고사는 50분 동안 실행되며 오디오는 각 문제당 3번씩 들려줍니다.

– 청음이 끝난 후 주어진 시창 문제들 중 한 문제를 골라 시창하고 마쳐보세요.

1) 다음 들려주는 음정을 듣고 맞는 음정을 골라보세요.

A)완전5도   B)장3도   C)증4도   D)단 3도

2) 다음 들려주는 음정을 듣고 맞는 음정을 골라보세요.

A)장6도   B)감5도   C)단7도   D)완전4도

3) 다음 들려주는 음정을 듣고 음정이 다른 하나를 골라보세요.

A)   B)   C)   D)

4) 다음 들려주는 리듬을 듣고 적어보세요.

4-1)

4-2)

4-3)

5) 다음 들려주는 멜로디를 듣고 어떤 멜로디인지 골라보세요.

6) 다음 들려주는 멜로디를 듣고 어떤 멜로디인지 골라보세요.

7) 다음 들려주는 멜로디를 듣고 어떤 멜로디인지 골라보세요.

8) 첫 음을 잘 듣고 그 다음에 나오는 멜로디를 적어보세요.

마지막으로 주어진 시창 문제들 중 한 문제를 골라 시창하고 마쳐보세요.

― 수고하셨습니다 ―

A. 리듬 – 8분음표 셋잇단음표와 4분음표 셋잇단음표 연습

1) 8분음표 셋잇단음표(1박 3연음)

– 셋잇단음표는 3연음이라고도 합니다.

– 8분음표 3개를 기둥 하나로 묶으면 4분음표와 같이 한 박자의 길이가 됩니다.

– 2개의 음표가 연주할 것을 3개로 균등하게 분할한 음표를 셋잇단음표라고 부릅니다.

2) 4분음표 셋잇단음표(2박 3연음)

– 4분음표 3개를 기둥 하나로 묶으면 2분음표와 같이 두 박자의 길이가 됩니다.

– 2박자 동안 같은 간격으로 3등분한 리듬입니다.

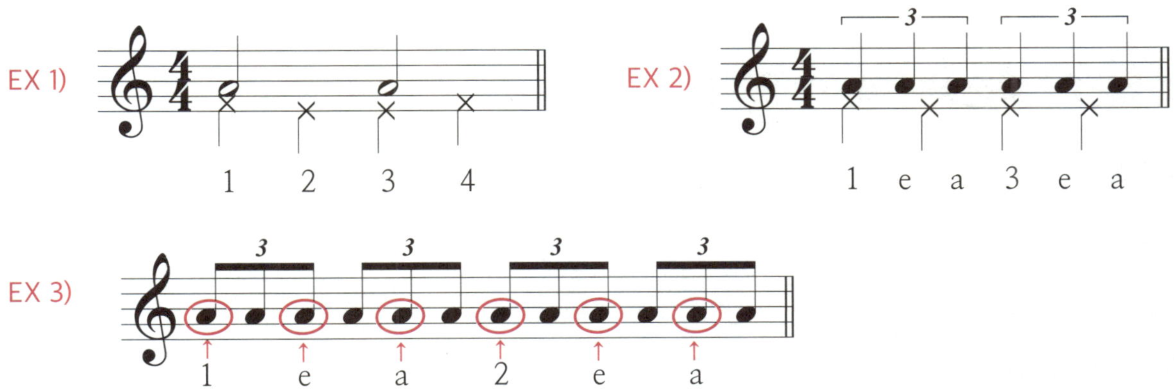

EX 3)은 좀 더 여러분의 쉬운 이해를 돕기 위해 위의 8분음표 셋잇단음표 EX 2의 그림에서 4분음표 셋잇단음표에 해당하는 음표의 위치를 표시하였습니다. 참고해 주세요.

*** 제시된 악보의 리듬을 일정한 템포에 맞춰 입으로 정확하게 연습해 보세요.**

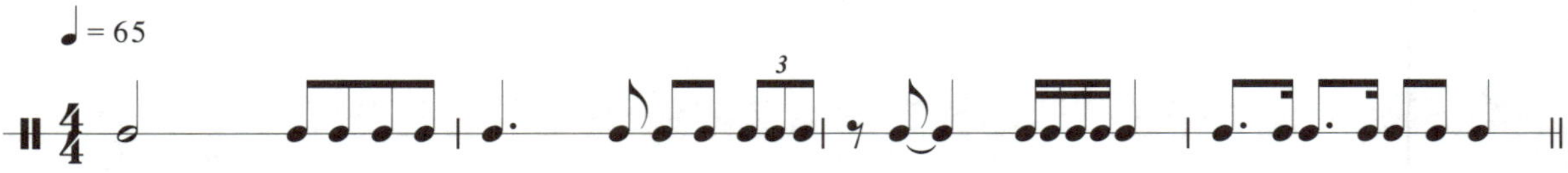

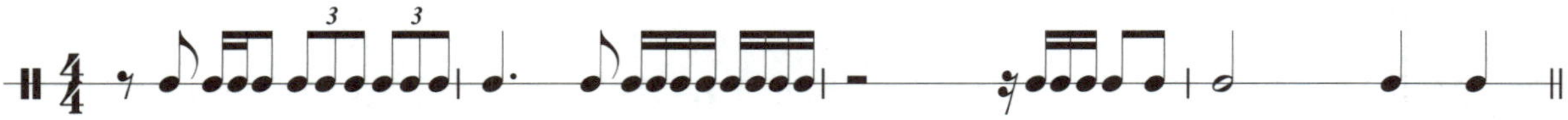

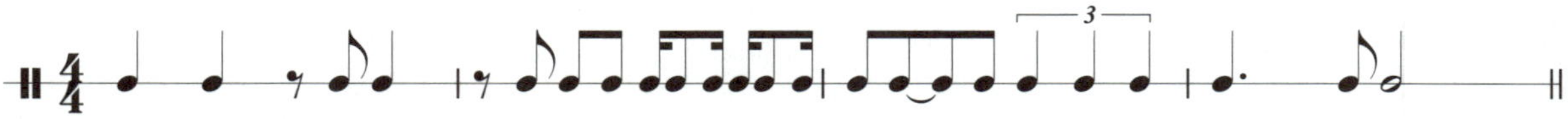

B. 음정 – 완전8도 듣기

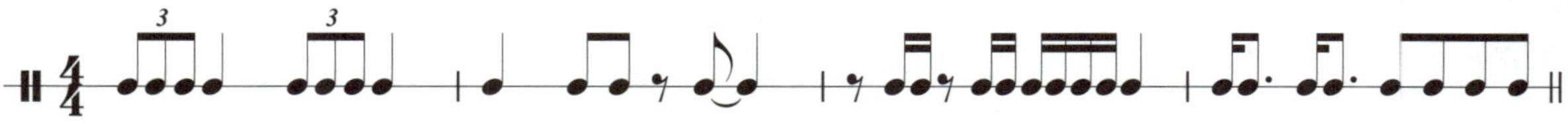

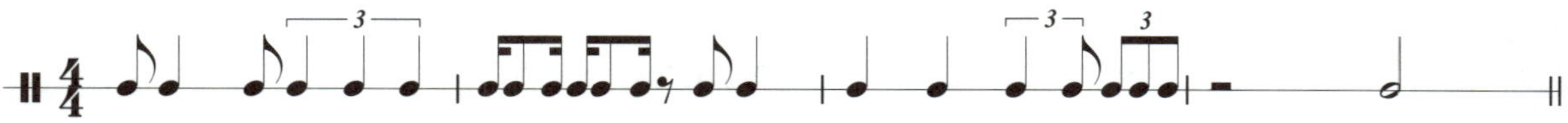

1) 완전8도

EX) 완전8도 <Over The Rainbow> Harold Arlen 작곡

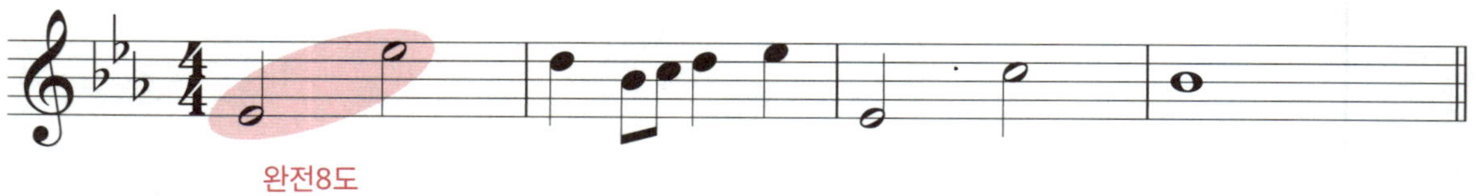

C. 시창 – 솔페지오를 이용해 Natural Minor Scale 연습하기

1) 각 계이름의 솔페지오를 공부해 봅시다.

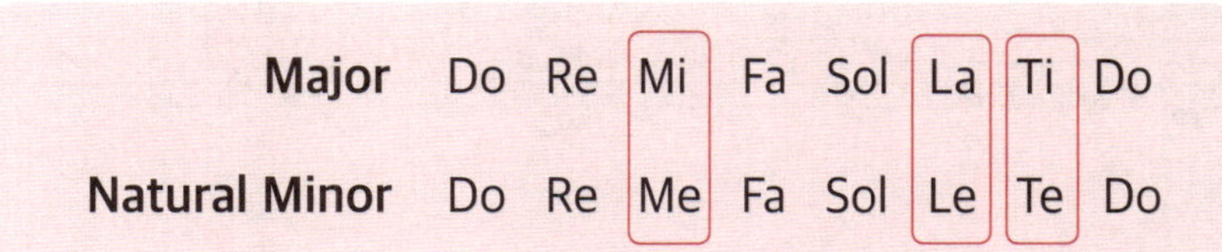

* C Natural Minor Scale(자연단음계)을 연습해 보세요.

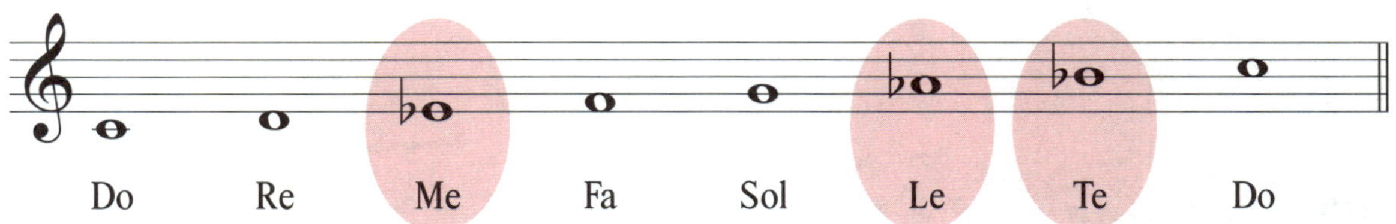

*Natural Minor Scale은 Major(장음계)에서 3음, 6음, 7음을 반음 내린 구조입니다.

2) 솔페지오를 이용해 계이름을 연습해 봅시다.

① 해당 키의 "Do"를 먼저 들어보세요.

② 머릿속에 "Do" 음정을 잡은 후 음정의 앞뒤 간격을 잘 생각하며 다음 음정으로 천천히 움직여서 시창해 보세요.

③ 템포 없이 시창해 보세요.

1. Do Re Me Do Re Fa Me / Sol Fa Me Fa Sol Te Le
2. Fa Sol Le Sol Me Fa Sol / Do Fa Sol Le Te Le Sol
3. Le Sol Le Sol Me Do Fa / Re Do Me Sol Te Do Le
4. Do Te Do Re Fa Sol Me Re / Do Sol Le Fa Me Te Do

*** 제시된 악보의 멜로디를 템포에 맞춰 시창해 보세요.**

③

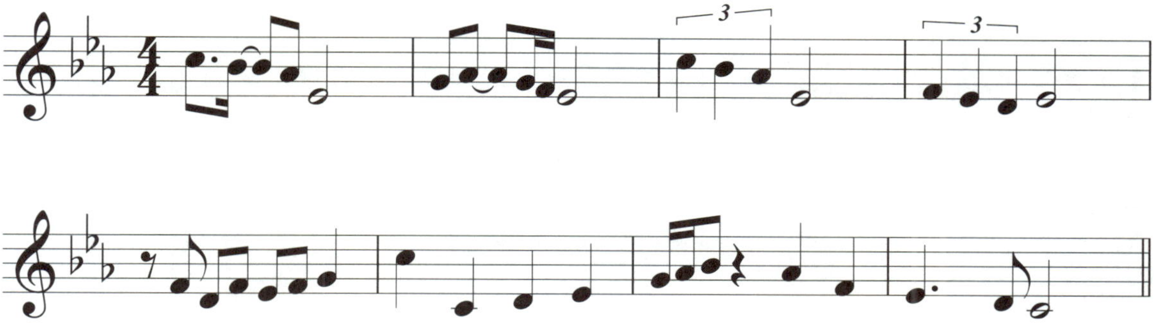

④

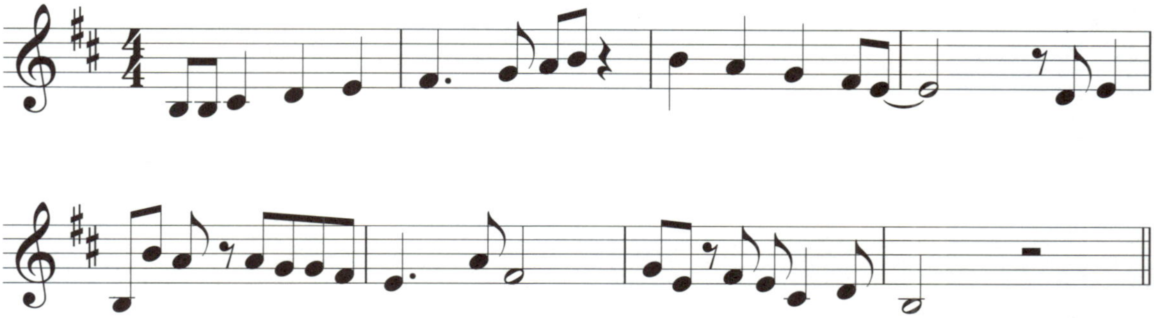

DUETS

•다음 주어진 듀엣 예제를 다른 학생과 같이 연습해 보고, 파트도 바꿔 연습해 보세요.

①

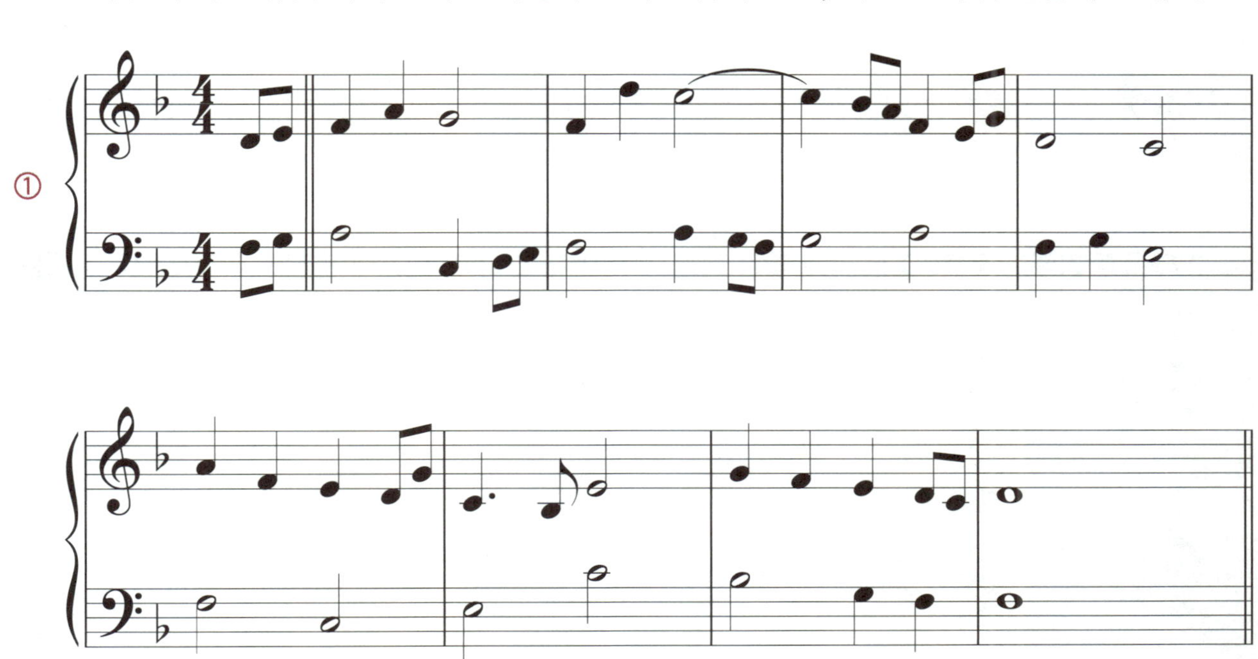

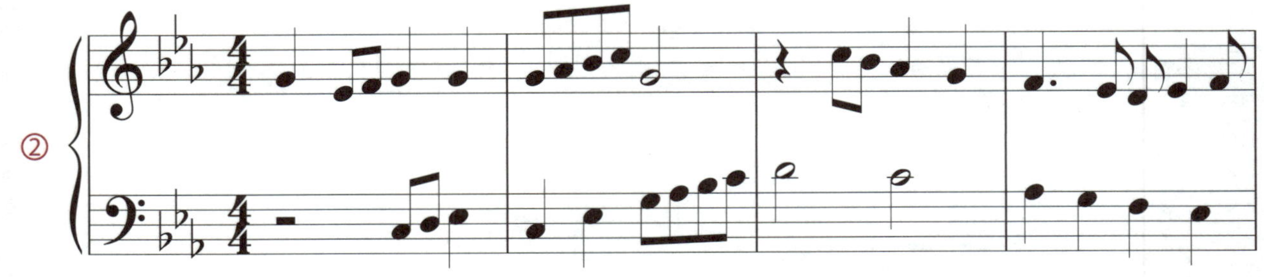

D. 청음 문제풀이 🎧

1) 다음 들려주는 리듬을 듣고 적어보세요.

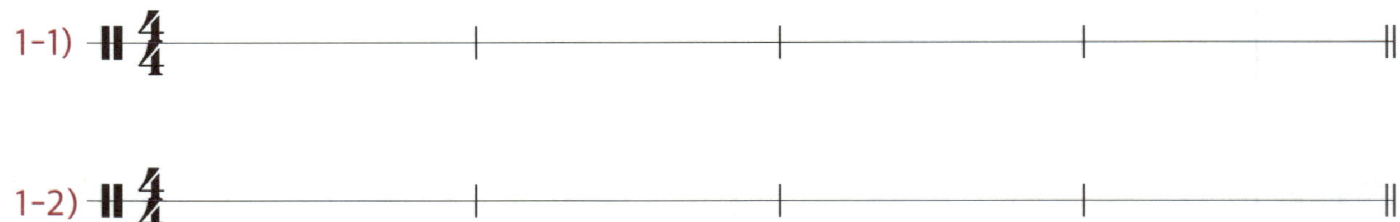

2) 다음 들려주는 두 음을 잘 듣고 맞는 음을 오선 안에 그리고, 빈칸에 음정의 이름도 적어보세요.

3) 첫 음을 잘 듣고 그 다음에 나오는 멜로디를 적어보세요.

3-1)

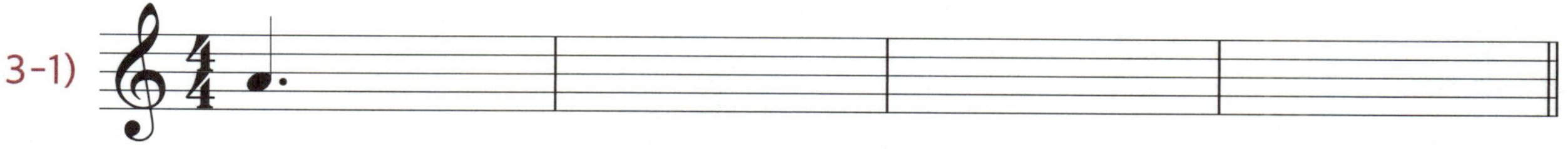

3-2)

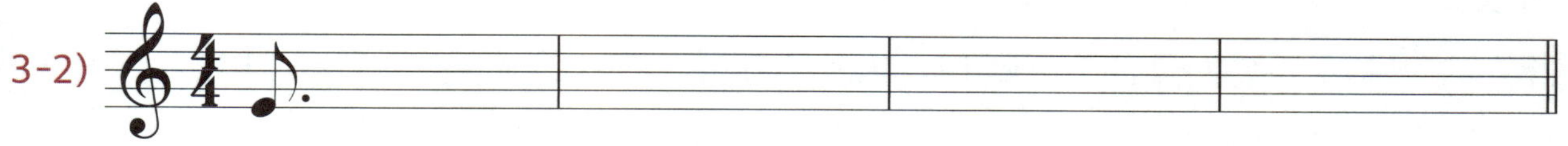

4) 다음 들려주는 멜로디를 듣고 적어보세요.

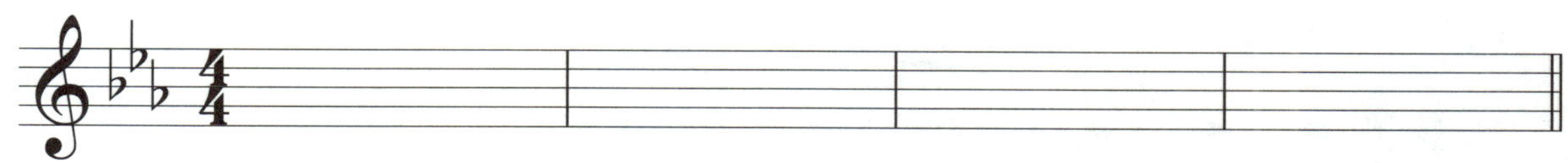

A. 리듬 – 셋잇단음표 당김음 연습

1) 셋잇단음표 당김음 연습(Triplets Using Ties)

본인이 연주하고 싶은 곡을 카피할 때 당김음을 못 들어서 리듬을 놓치는 경우가 많습니다. 특히 셋잇단음표에 당김음까지 있으면 그 마디 전체는 그냥 못 듣는 경우를 많이 보게 됩니다. 그래서 본 교재에 '셋잇단음표 당김음 리듬 연습 집중 강화 훈련편'을 만들었습니다. 여러분의 실력을 향상하는 데 도움이 되길 바랍니다.

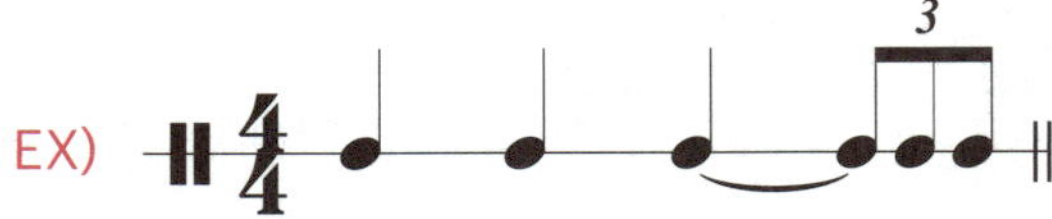

2) 셋잇단음표 당김음과 16분음표 연습(Triplet Ties and Sixteenth Notes)

*** 제시된 악보의 리듬을 일정한 템포에 맞춰 입으로 정확하게 연습해 보세요.**

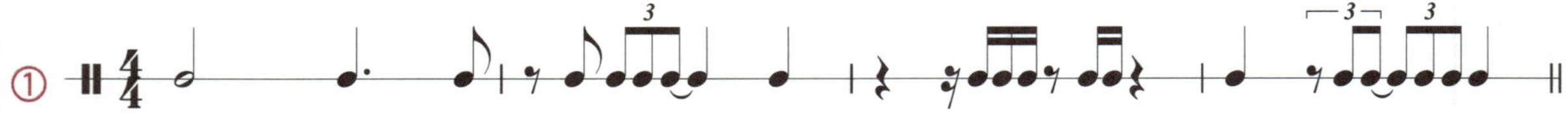

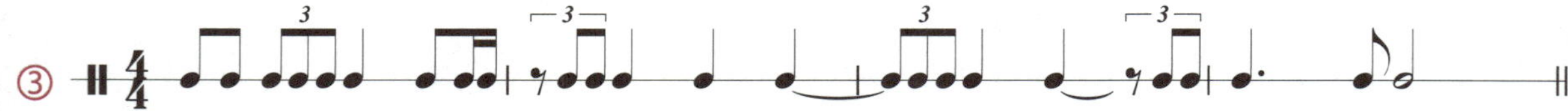

B. 음정 – 다양한 음정 연습 듣기

* 앞에서 배운 모든 음정들을 다시 한번 집중해서 들으면서 각 음정의 특징을 확실히 구분해 보세요.

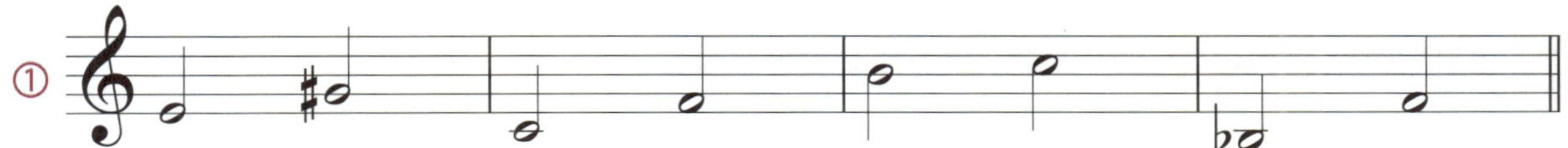

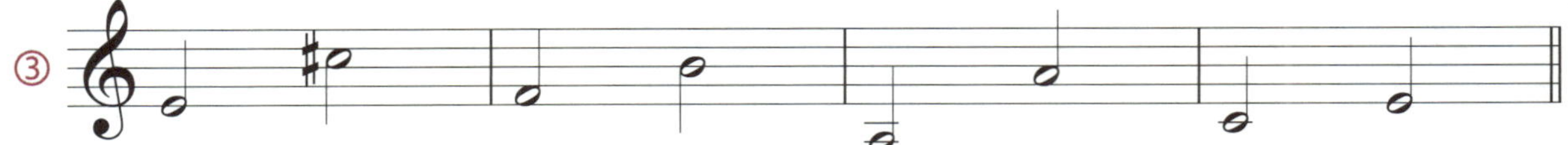

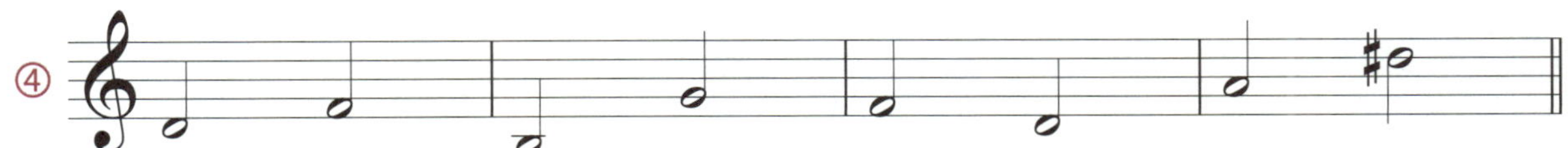

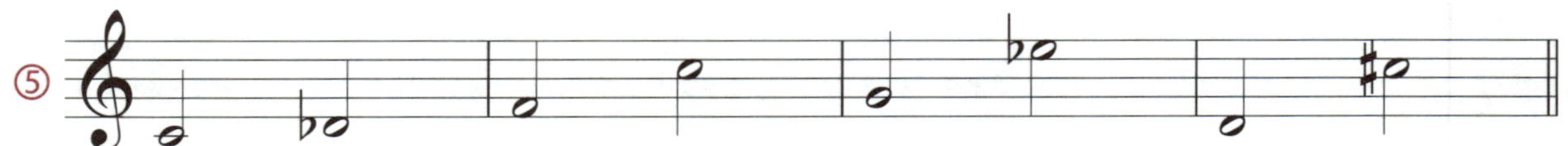

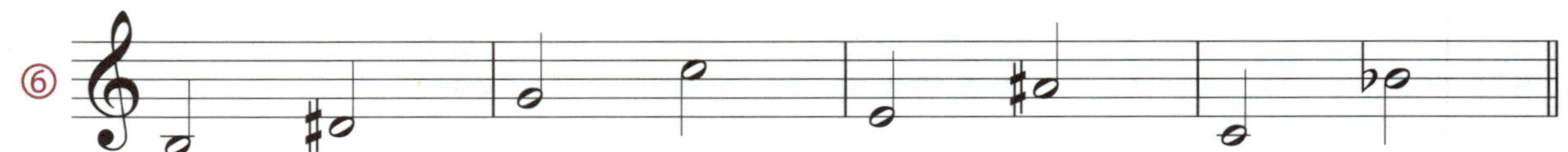

C. 시창-솔페지오를 이용해 Harmonic Minor Scale 연습하기

1) 각 계이름의 솔페지오를 공부해 봅시다.

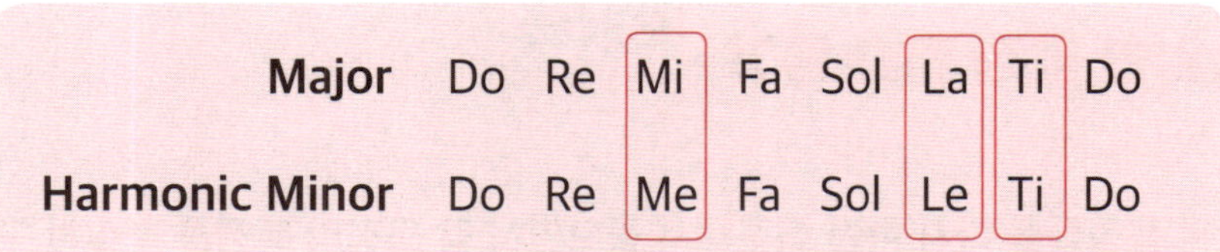

*** C Harmonic Minor Scale(화성단음계)을 연습해보자.**

*Harmonic Minor Scale은 Major(장음계)에서 3음, 6음을 반음 내린 구조입니다.

2) 솔페지오를 이용해 계이름을 연습해 봅시다.

① 해당 키의 "Do"를 먼저 들어보세요.

② 머릿속에 "Do" 음정을 잡은 후 음정의 앞뒤 간격을 잘 생각하며 다음 음정으로 천천히 움직여서 시창해 보세요.

③ 템포 없이 시창해 보세요

1. Sol Fa Me Re Do Ti Do / Fa Sol Le Fa Sol Ti Sol
2. Do Me Sol Le Ti Sol Fa / Me Fa Le Sol Fa Re Do
3. Re Do Sol Fa Le Ti Sol / Do Le Sol Ti Fa Re Me
4. Do Re Me Fa Sol Ti Le / Sol Le Fa Me Re Ti Do

*** 제시된 악보의 멜로디를 템포에 맞춰 시창해 보세요.**

③

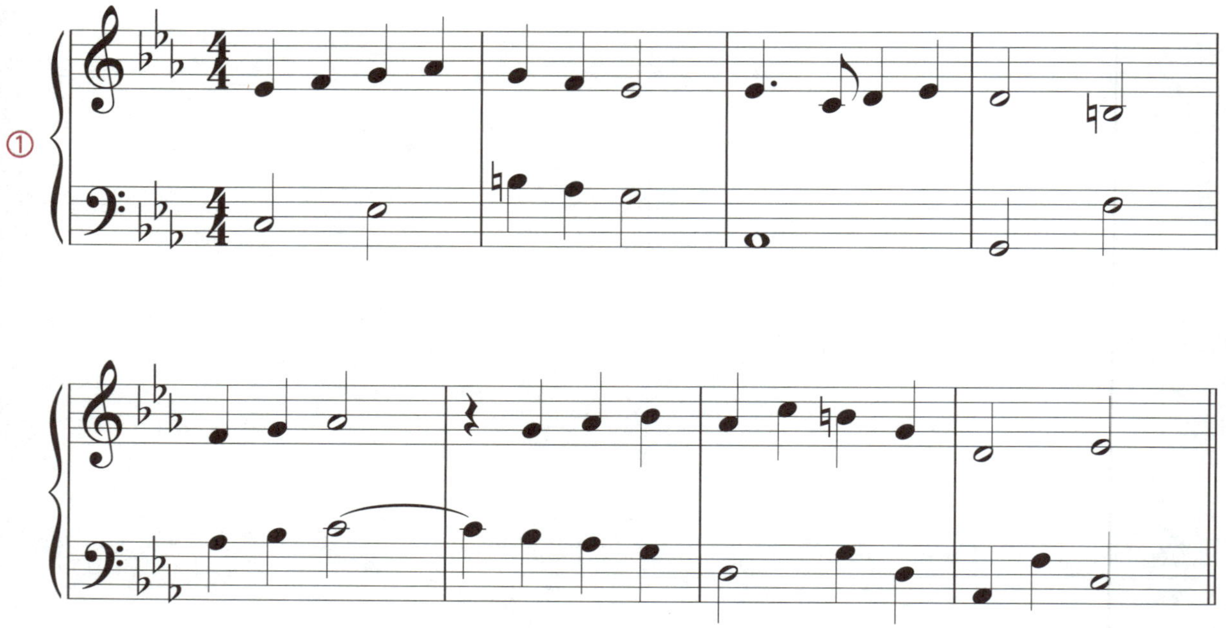

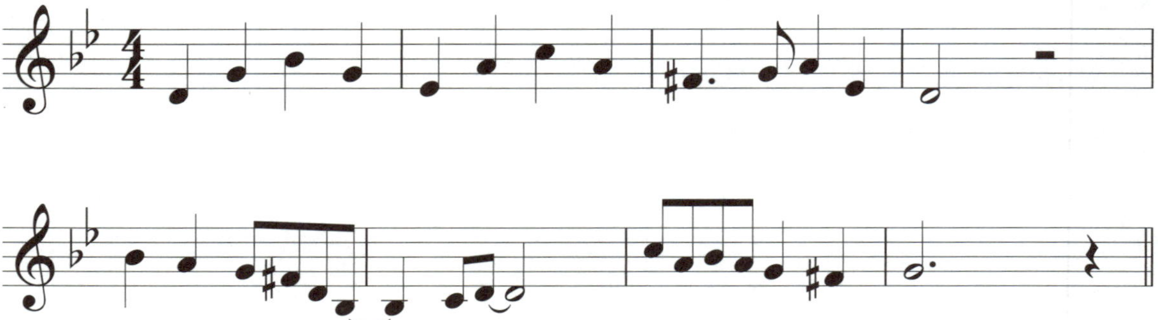

④

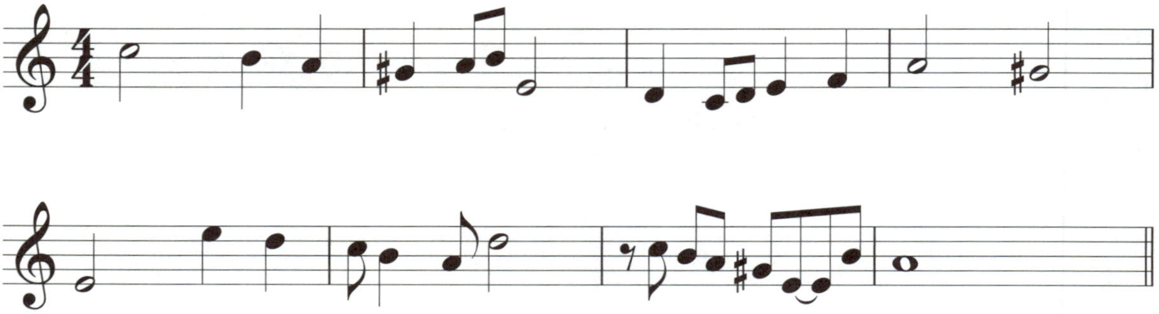

DUETS

•다음 주어진 듀엣 예제를 다른 학생과 같이 연습해 보고, 파트도 바꿔 연습해 보세요.

①

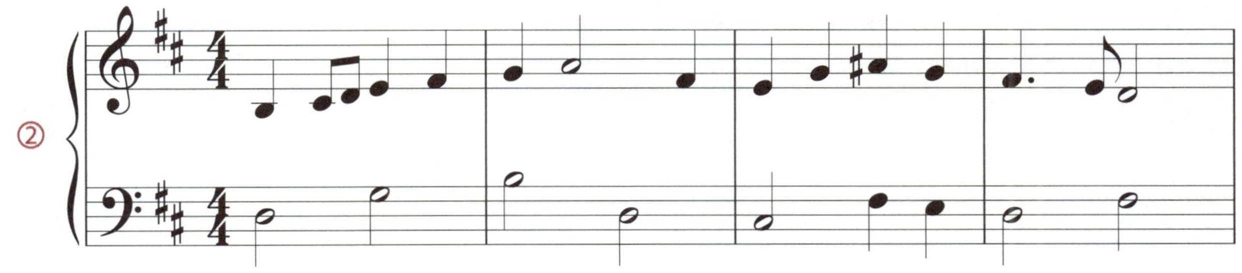

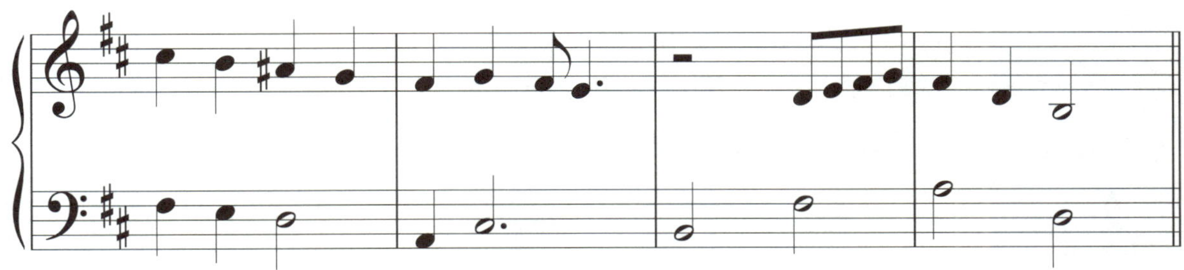

D. 청음 문제풀이 🎧

1) 다음 들려주는 리듬을 듣고 적어보세요.

1-1)

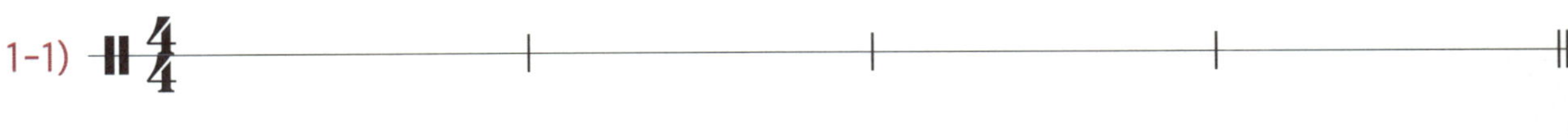

1-2)

2) 다음 들려주는 두 음을 오선 안에 그리고, 빈칸에 음정의 이름도 적어보세요.

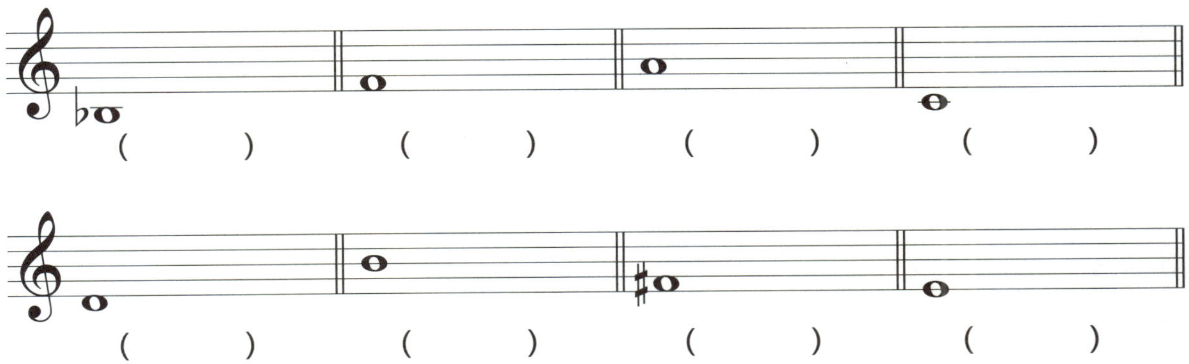

3) 첫 음을 잘 듣고 그 다음에 나오는 멜로디를 적어보세요.

3-1)
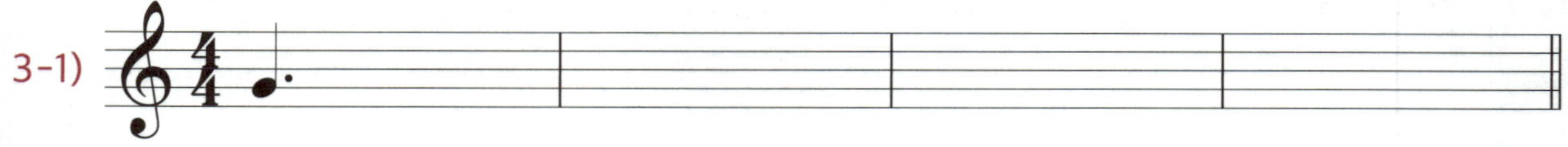

3-2)
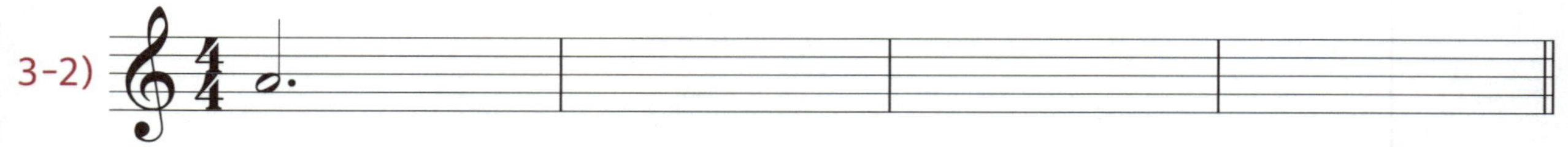

4) 다음 들려주는 멜로디를 듣고 적어보세요.

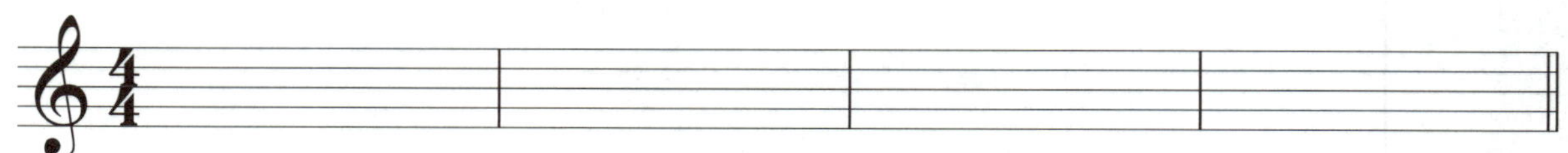

A. 리듬 – 4/4박자와 Cut Time(컷타임) 연습

1) 4/4박자

박자표에서 아래 숫자의 뜻은 한 박 단위가 되는 음표를 의미합니다.

아래 숫자가 4이기 때문에 4분음표가 한 박이 됩니다. 4/4박자는 4분음표가 한 마디에 4개 포함되어 있다는 것을 의미합니다. 4분음표를 1박으로 하여 각 마디가 모두 4박으로 이루어져 있습니다.

4/4박자는 **C**로 표기하기도 합니다.

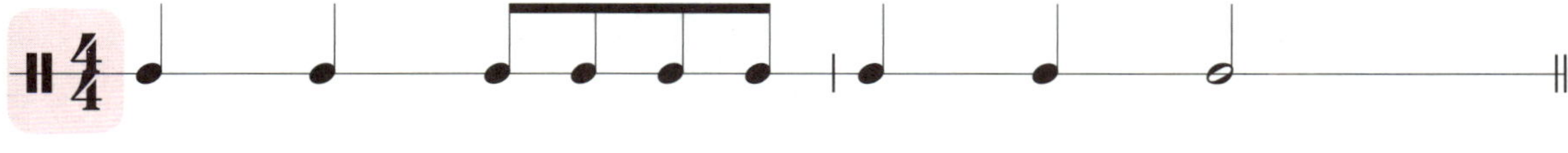

4/4박자는 각 마디를 4비트로 느끼는 것입니다.

2) Cut Time(컷 타임)

Cut Time(컷 타임)은 이름에서도 알 수 있듯이 기본적으로 4/4박자의 시간대를 '자른다'는 개념입니다. 이를 통해 전체적인 곡의 흐름과 구간의 리듬 느낌을 바꿀 수 있습니다. 컷타임은 **¢** 로 표기하기도 합니다.

> **잠깐! 이해가 잘 안되시나요?**
>
> 예를 들어 기존의 4/4박자에서 두 마디 동안 연주하던 패턴을 한 마디로 줄여서 그 안에 다 연주한다고 생각하면 이해하기 쉽습니다. 즉 기존의 연주하고 있던 음의 길이를 반으로 줄여서 연주한다고 생각하면 됩니다. 단, 템포는 바뀌지 않습니다. 아래의 예시2)는 컷 타임을 주로 사용하는 삼바 리듬입니다. 2비트로 느끼는 것에 대한 이해에 많은 도움이 될 것입니다.

EX 1) 4/4박자

이렇게 위의 예시처럼 컷타임 표시가 있을 경우에는 아래와 같이 연주하면 됩니다.

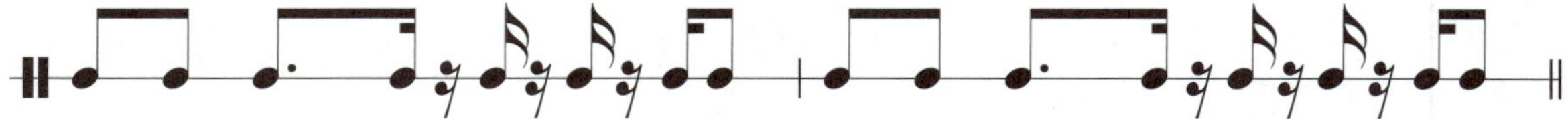

• Cut Time(컷 타임)의 활용

Cut Time(컷 타임)은 원래의 템포에서 더 많은 음들을 넣어 리듬을 세분화하는 데 효과적입니다. 작곡가나 연주자들은 컷 타임의 특징을 활용하여 더욱 강렬하고 빠른 감정을 표현하고자 할 때 사용하면 유용합니다. 또한 $\frac{4}{4}$ 박자 곡을 연주하는 동안 중간에 템포를 두 배 빠르게 하고 싶을 때 (Double Time)이라고 표기하고 그 부분을 두 배 빠르게 연주하면 됩니다. **이때는 템포가 바뀌는 것입니다.** 즉 bpm을 두 배 빠르게 하는 것입니다.

• Double Time(더블 타임) 이란

더블 타임은 특별한 음악적 기호 표시는 없습니다. 음악에서 **더블 타임은 곡의 템포가 두 배 빨라지는 것을 의미**하며 일시적으로 곡의 속도와 긴장감을 증가시킬 수 있습니다. 더블 타임은 이전에 비해 두 배 빠른 템포 값을 사용합니다. 곡 중간에 잠깐 리듬의 느낌을 바꾸거나 강조하고 싶을 때 사용합니다. 재즈에서는 연주자들이 솔로 부분에서 자주 사용하기도 합니다.

• 컷 타임과 더블 타임의 차이

컷 타임은 템포가 바뀌지 않습니다. 단, 템포 마킹에 변화 없이 두 배 빠르게 연주하고자 하는 것을 알려줄 때 쓸 수 있습니다. 예를 들어 기존 템포에서 2분음표는 4분음표로, 4분음표는 8분음표로, 8분음표는 16분음표로 길이를 반으로 줄여서 생각하면 이해하기 쉽습니다. 더블 타임은 템포를 바꾸고 싶은 특정 파트에 두 배 빠른 템포 값을 마킹하거나 (Double Time)이라고 적어주면 됩니다.

EX) 템포 120 bpm 곡에서 더블 타임으로 바꾸고 싶은 특정 파트가 있다면 그 부분에 템포 마킹을 240 bpm으로 표기하거나 (Double Time)이라고 적어보세요.

컷 타임(Cut Time)과 더블 타임(Double Time)은 음악 작곡 및 연주에 있어 중요한 역할을 합니다. 이론을 배울 때 그것을 실제 음악에 적용해 보는 것이 가장 좋은 학습 방법 중 하나입니다. 합주를 하면서 꼭 적용해 보세요. 이제 이해가 다 되었나요? 뉴욕언니와 함께 어려운 리듬들을 다 정복해 보아요! We Can Do It!

***요약:** 𝄴박자는 각 마디를 4비트로 느끼는 것입니다.

Cut Time(컷 타임)은 기존에 4비트로 느꼈던 것을 2비트로 느끼는 것입니다.

단, 템포는 바뀌지 않습니다.

*** 제시된 악보의 리듬을 일정한 템포에 맞춰 입으로 정확하게 연습해 보세요.**

B. 3화음(Triad) – 메이저 3화음, 마이너 3화음

1) 3화음

근음(Root)을 기준으로 3도씩 2번 쌓은 화음들을 3화음이라고 부릅니다.

3화음에서 기초가 되는 근음과 근음에서 3도 위의 음을 3음, 5도위의 음을 5음이라고 합니다.

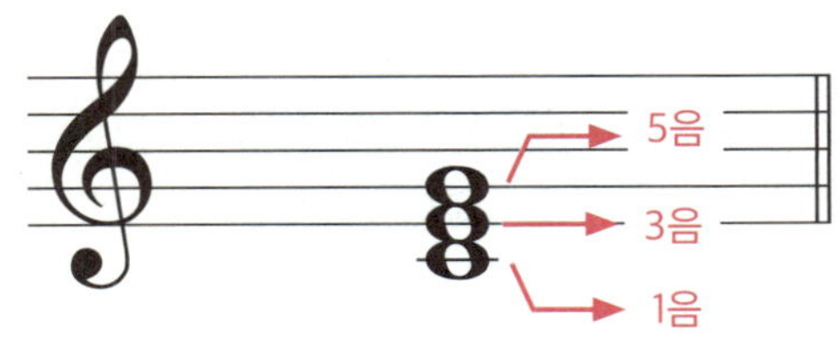

2) 3화음의 종류

3화음의 종류는 총 5가지이며 모든 코드들은 그 코드들의 구성음을 포함한 스케일로부터 나옵니다. 3개의 구성음 간의 음정에 따라 메이저 코드(Major Chord), 마이너 코드(Minor Chord), 어그먼트 코드(Augmented Chord), 디미니쉬 코드(Diminished Chord), 써스포 코드(Suspended 4th Chord)로 만들어집니다.

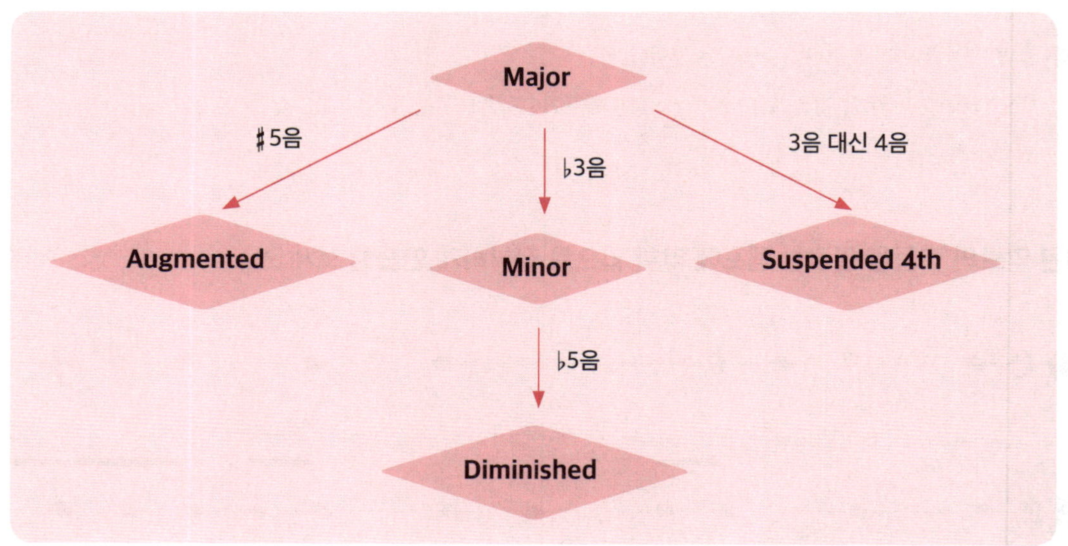

3) 3화음의 구조

● **Major Triad(메이저 코드)**

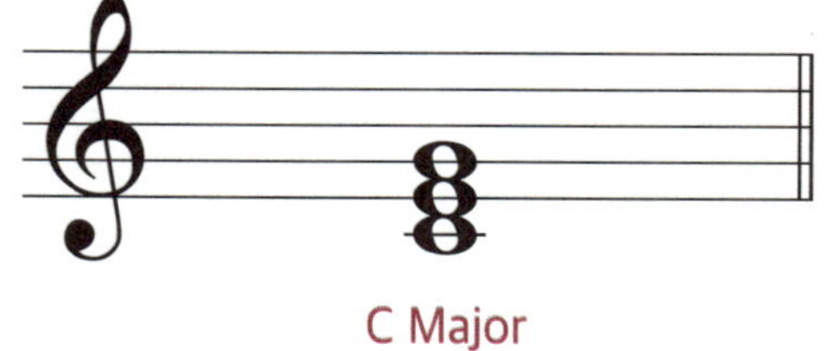

C Major

* **메이저 코드는 1, 3, 5음으로 구성**되어 있으며 근음으로부터 장3도, 완전5도로 이루어져 있습니다. 메이저 코드는 밝은 느낌의 화음입니다.

● **Minor Triad(마이너 코드)**

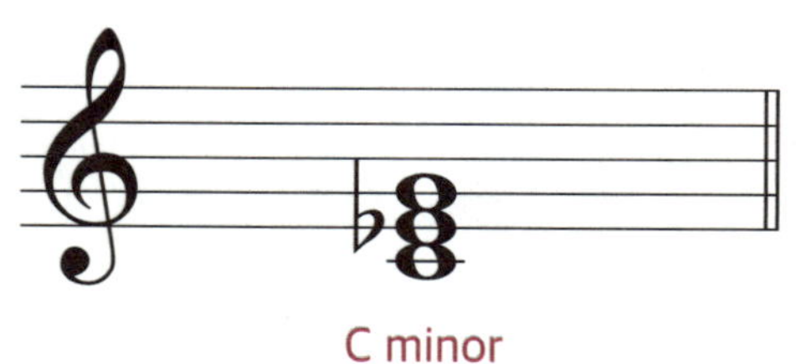

C minor

* **마이너 코드는 1, ♭3, 5음으로 구성**되어 있으며 근음으로부터 단3도, 완전5도로 이루어져 있습니다. 마이너 코드는 메이저 코드보다 어두운 느낌의 화음입니다.

◆ 3화음 코드를 들은 후 그 음들을 하나씩 펼쳐서 부르는 연습을 해보세요. 각 코드들의 특징을
잘 파악하고 음 사이의 음정을 정확히 연습하여 몸에 잘 익혀보세요.

① G Major
② F Minor
③ A Major
④ E♭ Minor

◆ 3화음 코드 Test- 3화음 코드를 들은 후 주어진 근음에 맞는 코드 이름을 아래에 적고,
구성음을 근음 위로 그려보세요.

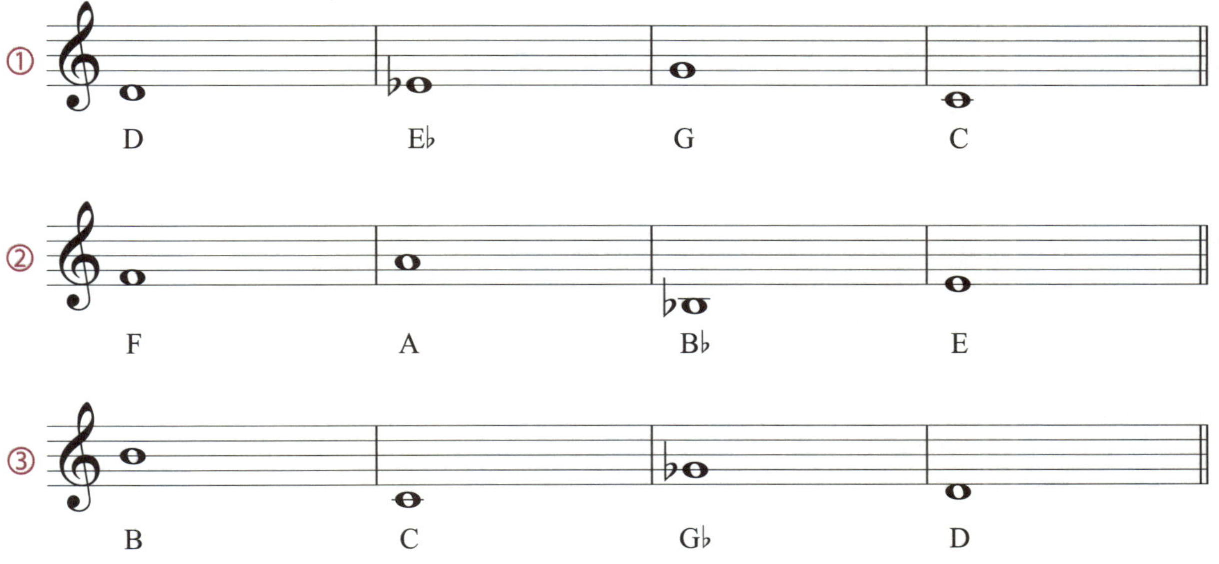

① D   E♭   G   C
② F   A   B♭   E
③ B   C   G♭   D

C. 시창 – 솔페지오를 이용해 Melodic Minor Scale 연습하기

1) 각 계이름의 솔페지오를 공부해 봅시다.

*** C Melodic Minor Scale(가락단음계)을 연습해 봅시다.**

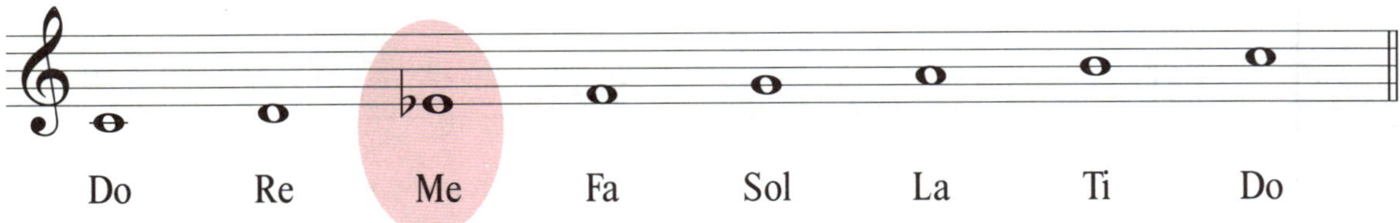

* Melodic Minor Scale은 Major(장음계)에서 **3음을 반음 내린 구조입니다.**

  단 하행 시에는 3, 6, 7음을 반음 내려 Natural Minor Scale과 같은 구조를 갖습니다.

2) 솔페지오를 이용해 계이름을 연습해 봅시다.

① 해당 키의 "Do"를 먼저 들어보세요.

② 머릿속에 "Do" 음정을 잡은 후 음정의 앞뒤 간격을 잘 생각하며 다음 음정으로 천천
   히 움직여서 시창해 보세요.

③ 템포 없이 시창해 보세요

1. Me Sol La Ti Sol Me / Do La Sol Me Fa Re Do
2. Fa Sol Ti La Me Re Fa / Re Fa Sol Ti La Ti Sol
3. Do Fa Sol Ti La Me Fa / Sol Me Sol La Sol Ti La
4. Me Do Ti La Sol Ti Do / Ti Do La Fa Sol Me Do

* 제시된 악보의 멜로디를 템포에 맞춰 시창해 보세요.

DUETS

•다음 주어진 듀엣 예제를 다른 학생과 같이 연습해 보고, 파트도 바꿔서 연습해 보세요.

D. 청음 문제풀이 🎧

1) 다음 들려주는 리듬을 듣고 적어보세요.

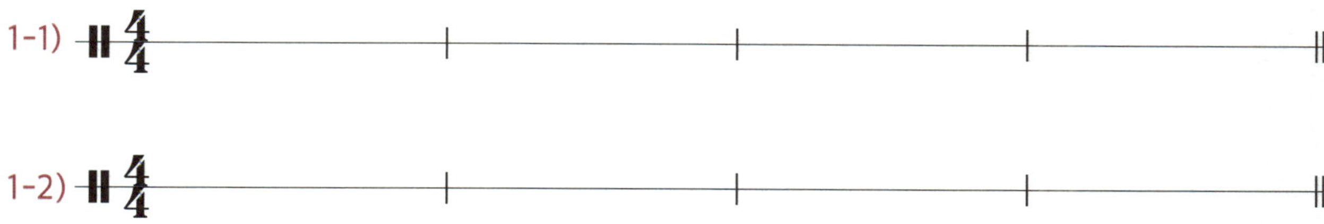

2) 주어진 근음을 참고하여 코드의 구성음과 코드의 이름을 적어보세요.

3) 첫 음을 잘 듣고 그 다음에 나오는 멜로디를 적어보세요.

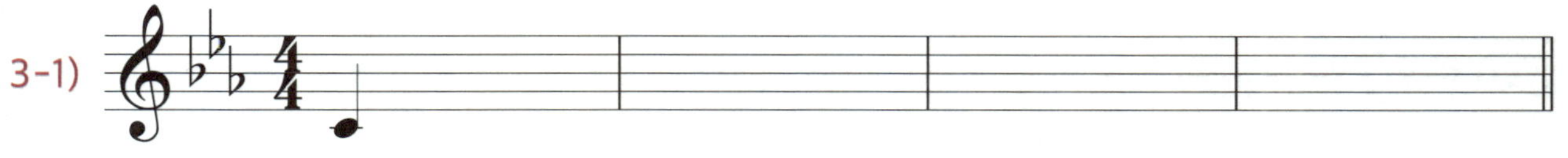

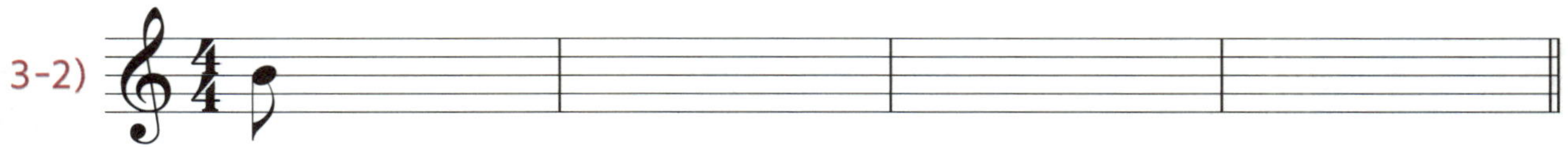

4) 다음 들려주는 멜로디를 듣고 적어보세요.

A. 리듬 – $\frac{3}{4}$박자와 $\frac{3}{8}$박자 연습

1) $\frac{3}{4}$ 박자

박자표에서 아래 숫자의 뜻은 한 박 단위가 되는 음표를 의미합니다.

아래 숫자가 4이기 때문에 **4분음표가 한 박이 됩니다.**

$\frac{3}{4}$박자는 4분음표가 한마디에 3개 포함되어 있다는 것을 의미합니다.

4분음표를 1박으로 하여 각 마디가 모두 3박으로 이루어져 있습니다.

2) $\frac{3}{8}$박자

박자표에서 아래 숫자의 뜻은 한 박 단위가 되는 음표를 의미합니다.

아래 숫자가 8이기 때문에 **8분음표가 한 박이 됩니다.**

$\frac{3}{8}$박자는 8분음표가 한마디에 3개 포함되어 있다는 것을 의미합니다.

8분음표를 1박으로 하여 각 마디가 모두 3박으로 이루어져 있습니다.

***Point**
4박 계열의 박자에서는 템포로 표시할 때 4분음표를 이용하여 BPM을 표시하고
8박 계열의 박자에서는 템포를 표시할 때 점4분음표를 이용하여 BPM을 표시합니다.

* 제시된 악보의 리듬을 일정한 템포에 맞춰 입으로 정확하게 연습해 보세요.

B. 3화음(Triad) – 디미니쉬 3화음, 어그먼트 3화음, sus4 3화음

1) Augmented Triad (어그먼트 코드)

어그먼트 코드는 1, 3, #5 음으로 구성되어 있으며 근음으로부터 장3도, 증5도로 이루어져 있습니다. 근음과 5음과의 거리가 증5도이기 때문에 매우 특이하고 신비로운 느낌의 사운드를 냅니다.

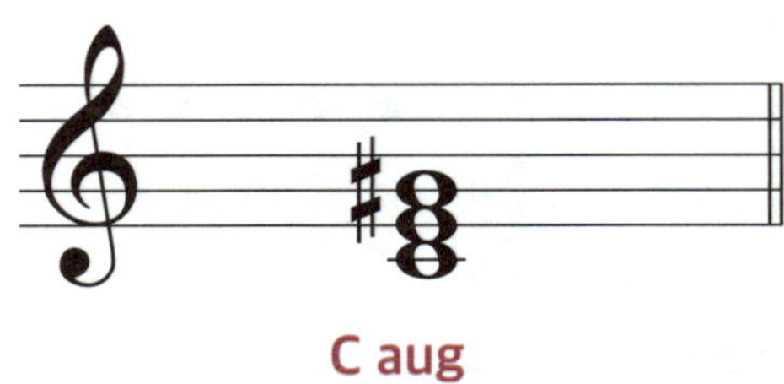

C aug

2) Diminished Triad(디미니쉬 코드)

디미니쉬 코드는 1, ♭3, ♭5 음으로 구성되어 있으며 근음으로부터 단3도, 감5도로 이루어져 있습니다. 디미니쉬 코드는 마이너 코드에서 5음이 추가로 반음 더 내려가면서 한층 더 우울하고 어두운 느낌의 사운드를 냅니다.

공포영화나 드라마의 무서운 장면에서 디미니쉬 코드들이 자주 사용됩니다.

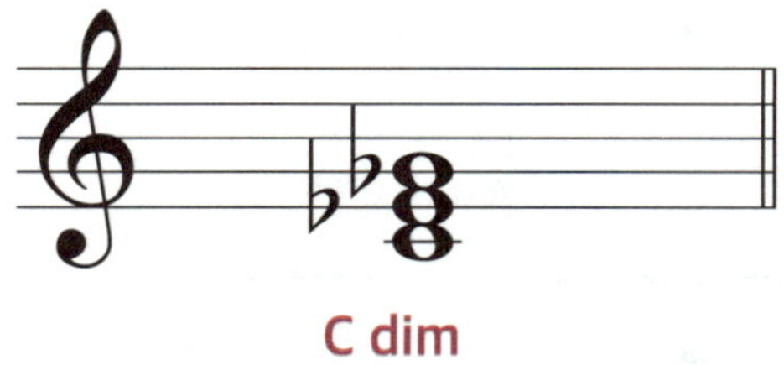

C dim

3) Suspended 4th Triad(서스포 코드)

서스포 코드는 1, 4, 5 음으로 구성되어 있으며 근음으로부터 완전4도, 완전5도로 이루어져 있습니다. 3음이 없으므로 메이저 또는 마이너 느낌이 아닌 모호한 느낌이 있습니다. 3음이 4음으로 대체되며 긴장감을 조성시키는 특징을 지니고 있습니다. 표기는 sus4로 표기합니다.

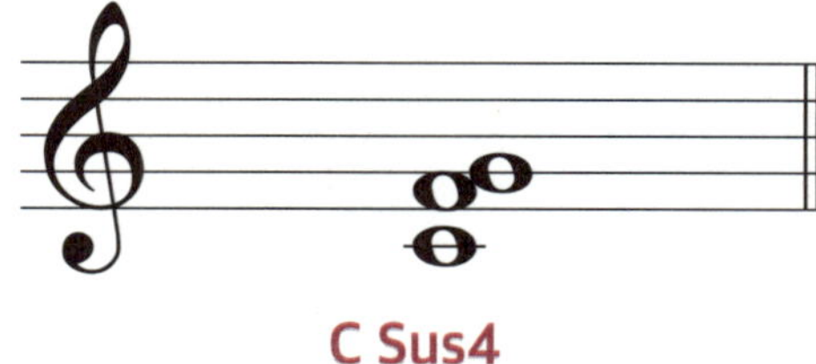

C Sus4

* 사람도 저마다 생김새가 다르듯이 코드들도 어떤 구성음으로 이루어져 있는지에 따라 다른 성격을 가져 각각 다른 사운드를 만듭니다.

♦ 3화음 코드를 들은 후 그 음들을 하나씩 펼쳐서 부르는 연습을 해보세요.

① G Major

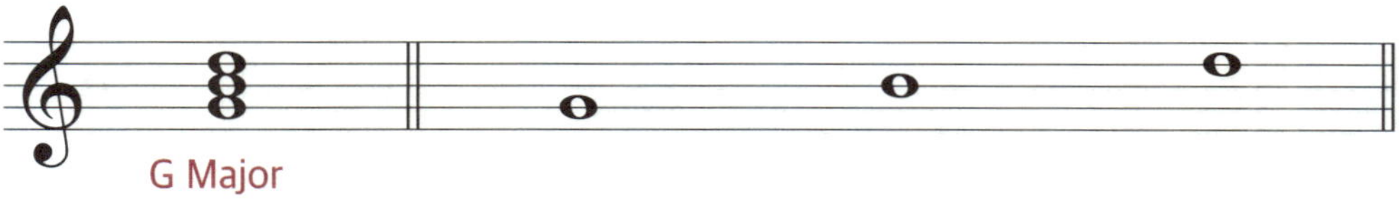

② F Minor

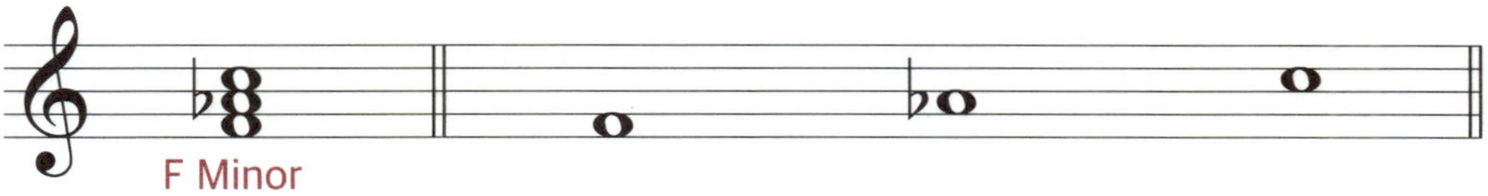

③ D Aug

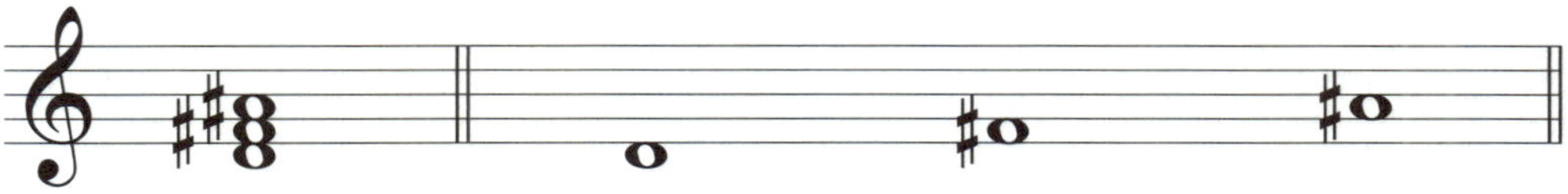

④ E Dim

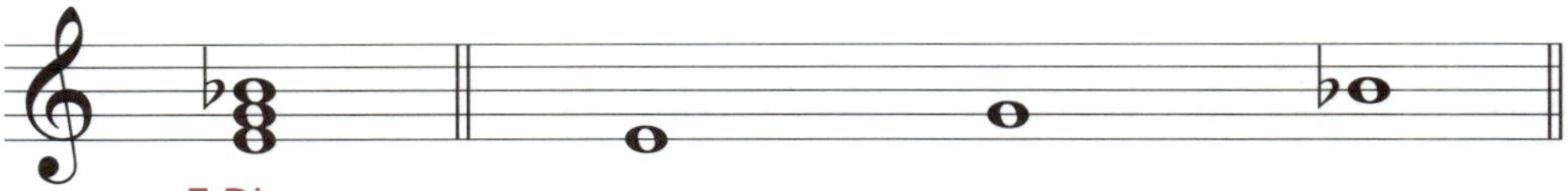

⑤ B♭ Sus4

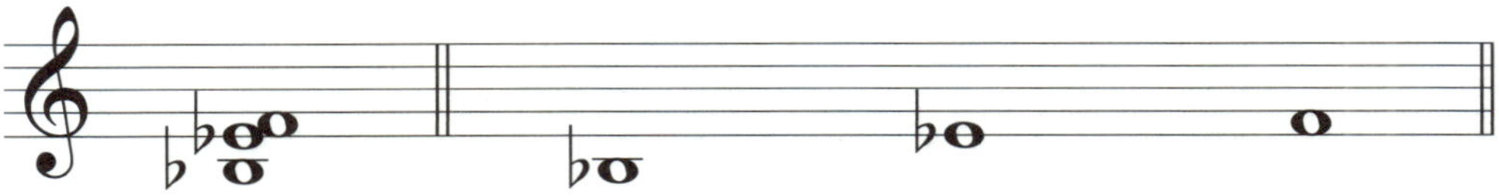

C. 시창 – 솔페지오를 이용해 Blues Scale 연습하기

1) C Blues Scale(블루스 스케일)을 연습해 봅시다.

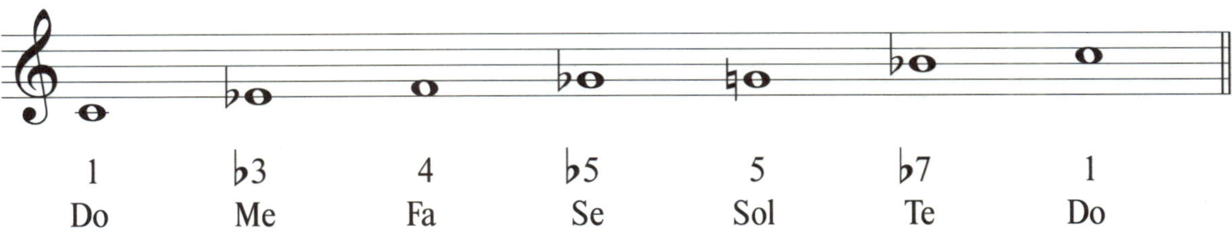

* **블루스 스케일은 1, ♭3, 4, ♭5, 5, ♭7 음으로 구성되어 있습니다.**

마이너 펜타토닉 음계에서 ♭5음을 더한 스케일입니다.

블루스는 흑인들의 노동요와 가스펠에서 영향을 받아 발전한 음악으로 현재는 팝과 재즈 등

거의 모든 대중음악에 많은 영향력을 미치고 있습니다.

♦ 여러 키의 블루스 스케일을 시창하며 블루스 고유의 독특한 사운드를 익혀봅시다.

EX) F Blues Scale

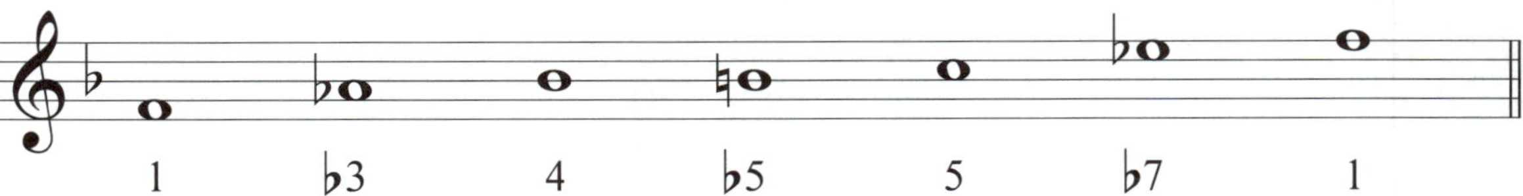

EX) G Blues Scale

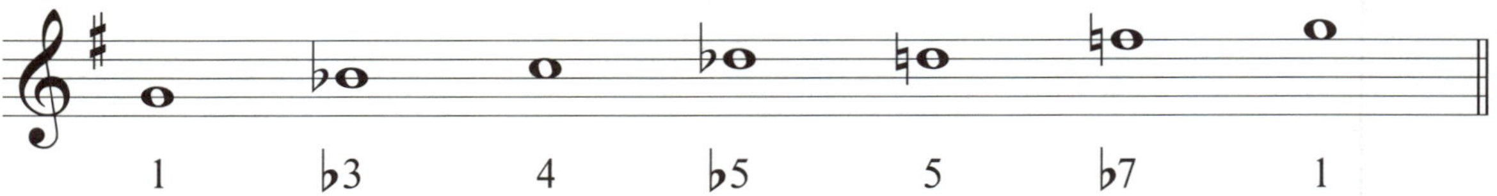

EX) Bb Blues Scale

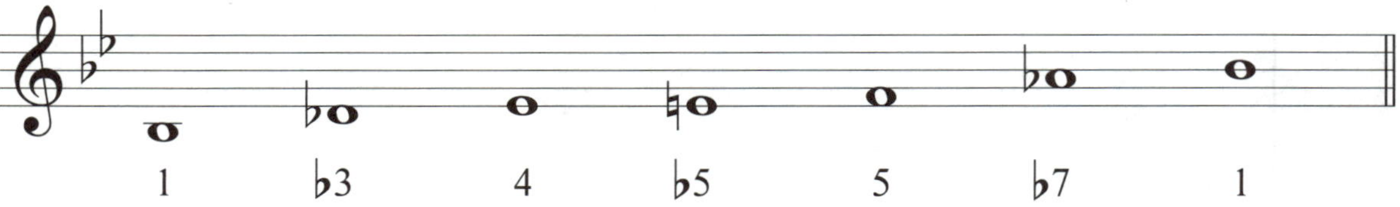

EX) D Blues Scale

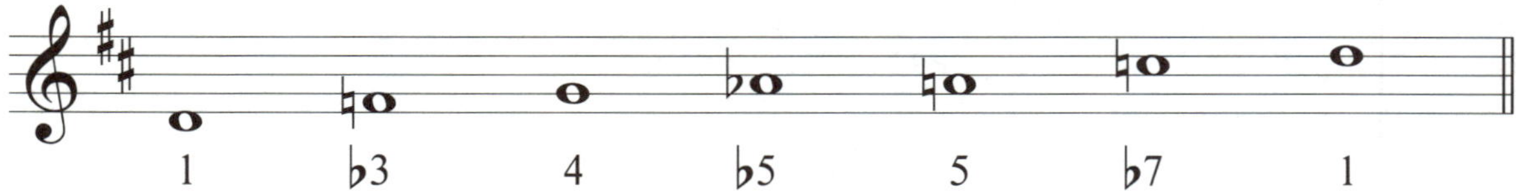

2) 솔페지오를 이용해 게이름을 연습해 봅시다.

① 해당 키의 "Do"를 먼저 들어보세요.

② 머릿속에 "Do" 음정을 잡은 후 음정의 앞뒤 간격을 잘 생각하며 다음 음정으로 천천히 움직여서 시창해 보세요.

③ 템포 없이 시창해 보세요

1. Do Me Fa Me Fa Se Fa / Do Te Do Sol Fa Me Do
2. Fa Sol Se Fa Me Te Do / Me Do Fa Se Sol Te Sol
3. Te Sol Te Do Fa Me Do / Sol Se Fa Te Do Te Do

*** 제시된 악보의 멜로디를 템포에 맞춰 시창해 보세요.**

(단 스윙 리듬 (♫ = ♪³♪)으로 시창하세요)

*스윙은 8분음표를 정박자로 시창하지 말고 앞 박의 비율을 조금 더 길게, 뒷 박의 비율을 조금 더 짧게 불러보세요. 스윙 리듬에는 싱코페이션이 많으니 싱코페이션 부분에서 음의 길이가 길어지는 경우 악센트를 주어 강세가 바뀌는 느낌을 잘 표현해 보세요.

DUETS

•다음 주어진 듀엣 예제를 다른 학생과 같이 연습해 보고, 파트도 바꿔서 연습해 보세요.

D. 청음 문제풀이 🎧

1) 다음 들려주는 리듬을 듣고 적어보세요.

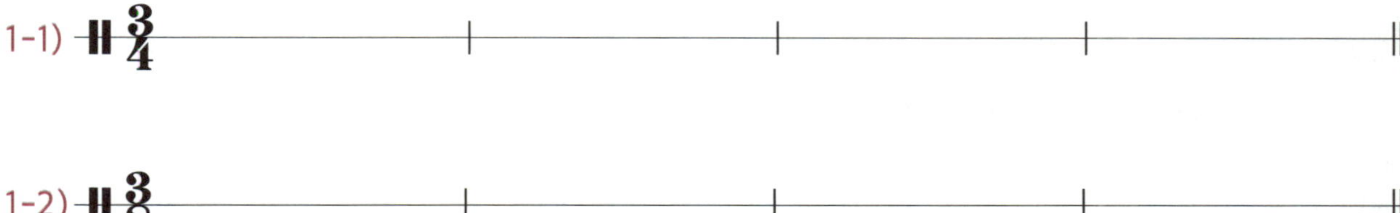

2) 주어진 근음을 참고하여 코드의 구성음과 코드의 이름을 적어보세요.

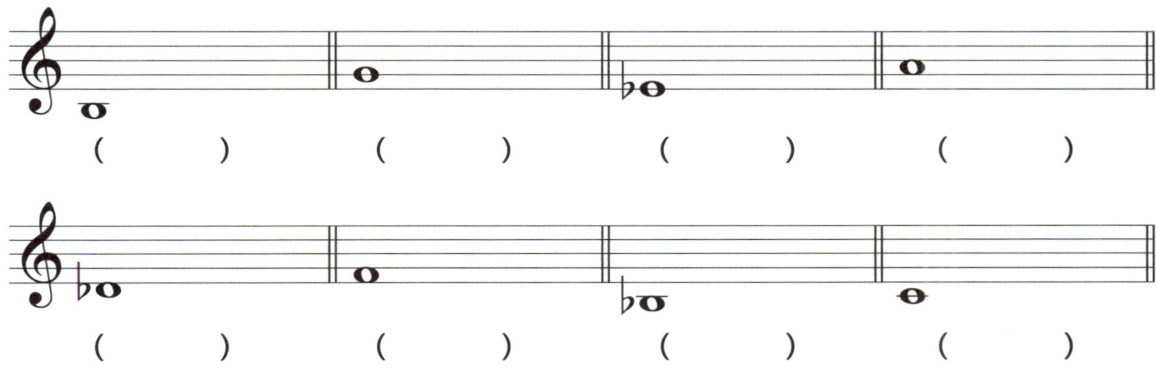

3) 첫 음을 잘 듣고 그 다음에 나오는 멜로디를 적어보세요.

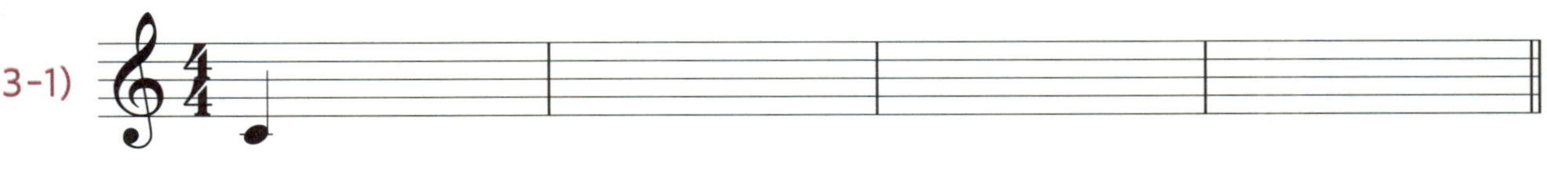

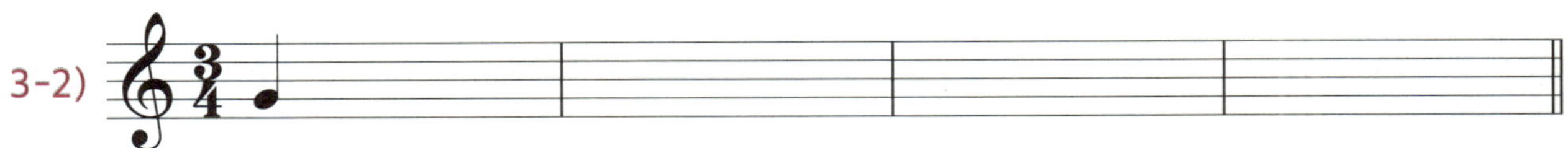

4) 다음 들려주는 멜로디를 듣고 적어보세요.

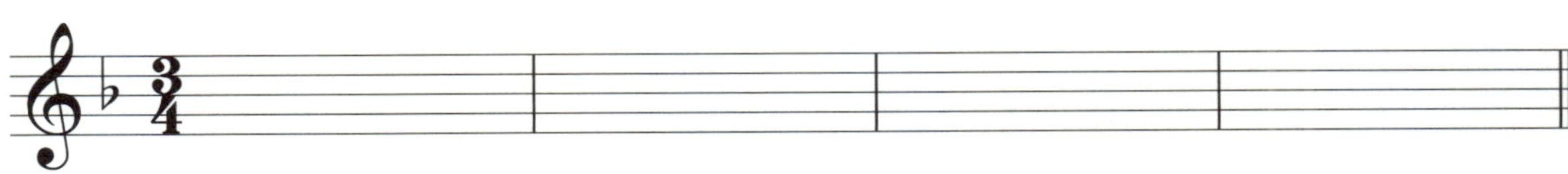

5) 다음 들려주는 코드를 듣고 알맞은 코드를 골라보세요.

A.　① Minor　　② Dim　　③ sus4　　④ aug

B.　① Major　　② Minor　　③ aug　　④ dim

C.　① dim　　② sus4　　③ Major　　④ Minor

D.　① sus4　　② aug　　③ dim　　④ Minor

A. 리듬 – $\frac{6}{8}$ 박자 연습

1) $\frac{6}{8}$ 박자

박자표에서 아래 숫자의 뜻은 한 박 단위가 되는 음표를 의미합니다.

아래 숫자가 8이기 때문에 **8분음표가 한 박이 됩니다.**

$\frac{6}{8}$ 박자는 8분음표가 한마디에 6개 포함되어 있다는 것을 의미합니다.

8분음표를 1박으로 하여 각 마디가 모두 6박으로 이루어져 있습니다.

$\frac{6}{8}$ 박자는 2 feel(2 덩어리)로 느끼는 것이 중요합니다.

박의 셈여림은 강 약 약 중간 약 약으로 이루어져 있습니다.

EX) 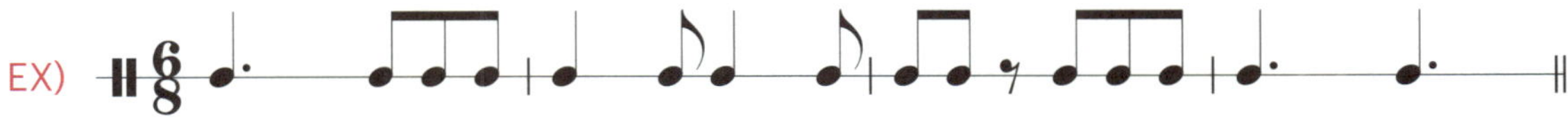

* 제시된 악보의 리듬을 일정한 템포에 맞춰 입으로 정확하게 연습해 보세요.

B. 3화음 – 3화음 자리바꿈 연습

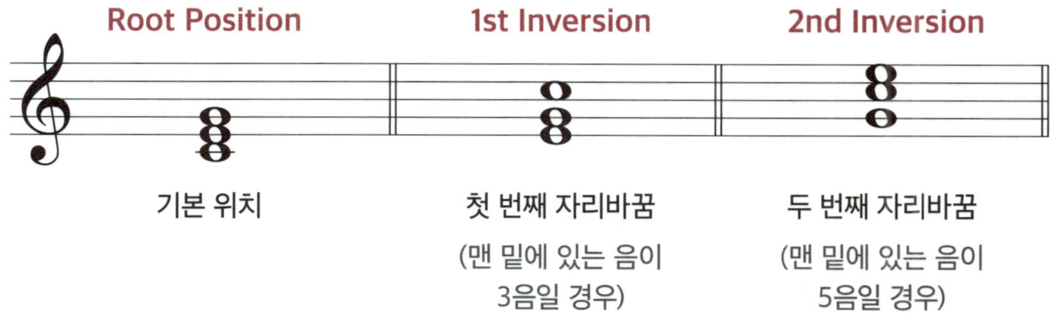

* 근음이 바뀌어서 무슨 코드인지 많이 어렵다고 생각될 수 있으나, 이럴 때일수록 포기하지 말고 각 코드들이 가지고 있는 특징에 더 귀 기울여 들어보세요.

♦ 3화음 코드의 자리바꿈들을 아르페지오로 펼쳐서 연습해 보세요.

EX) C Major Triad(메이저 3화음) 자리바꿈

EX) C Minor Triad(마이너 3화음) 자리바꿈

Do   Me   Sol   Me   Do
Me   Sol   Do   Sol   Me
Sol   Do   Me   Do   Sol

EX) C Augmeted Triad(어그먼티드 3화음) 자리바꿈

Do   Mi   Si   Mi   Do
Mi   Si   Do   Si   Mi
Si   Do   Mi   Do   Si

EX) C Diminished Triad(디미니쉬드 3화음) 자리바꿈

EX) C Suspended Triad(써스포 3화음) 자리바꿈

◆ 아래의 자리바꿈된 코드들을 펼쳐서 부르는 훈련을 해봅시다.
그리고 각 문제의 멜로디 음들이 무슨 코드인지 구별해 보세요.

C. 시창 – 솔페지오를 이용해 Whole-Tone Scale 연습하기

1) C Whole-Tone Scale(홀톤 스케일)을 연습해 보세요.

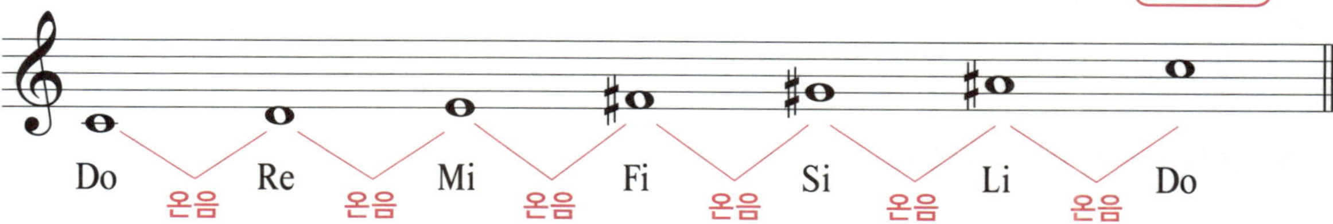

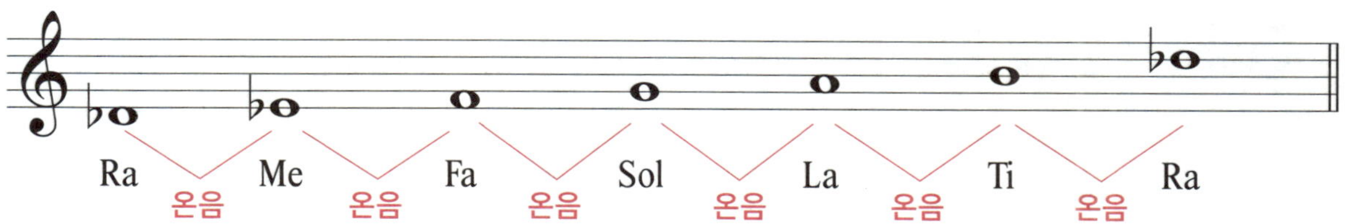

* 홀톤 스케일은 6개의 음들로 구성되어 있으며 **모든 음들의 간격이 온음으로만 이루어져 있습니다.** 이 스케일은 두 가지 종류밖에 없습니다. 홀톤 스케일의 특징은 한 조에 속해있는 각 스케일 음을 근음으로 놓을 경우 6가지 각각 다른 홀톤 스케일들이 나옵니다. 그 이유는 구성음이 동일하기 때문입니다. 홀톤 스케일은 완전4도나 완전5도가 없고 증4도가 많아 조성감이 잘 느껴지지 않습니다. 그렇기 때문에 사운드가 괴기하게 느껴질 수도 있고 신비롭게 느껴질 수도 있습니다. 무척 독특한 사운드를 만들어내니 귀 기울여 집중하면서 시창해 주세요.

♦ **여러 키의 Whole-Tone Scale(홀톤 스케일)을 시창하며 사운드를 익혀봅시다.**

EX) F Whole-Tone Scale

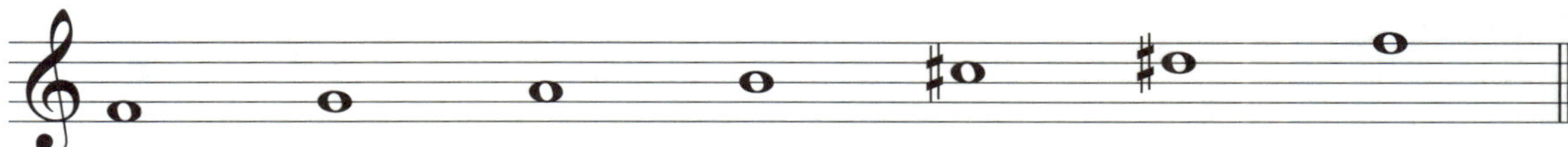

EX) D Whole-Tone Scale

EX) B♭ Whole-Tone Scale

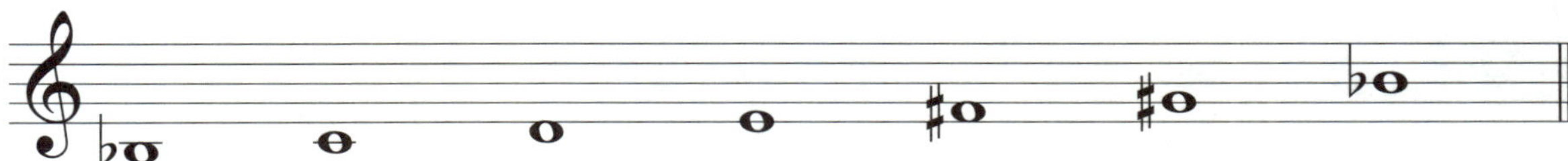

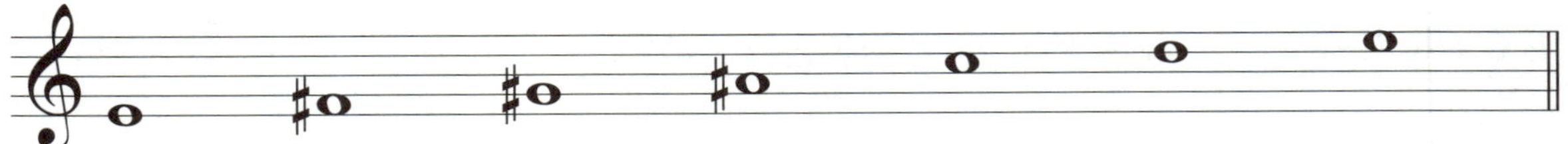

*** 제시된 악보의 멜로디를 템포에 맞춰 시창해 보세요.**

DUETS

•다음 주어진 듀엣 예제를 다른 학생과 같이 연습해 보고, 파트도 바꿔서 연습해 보세요.

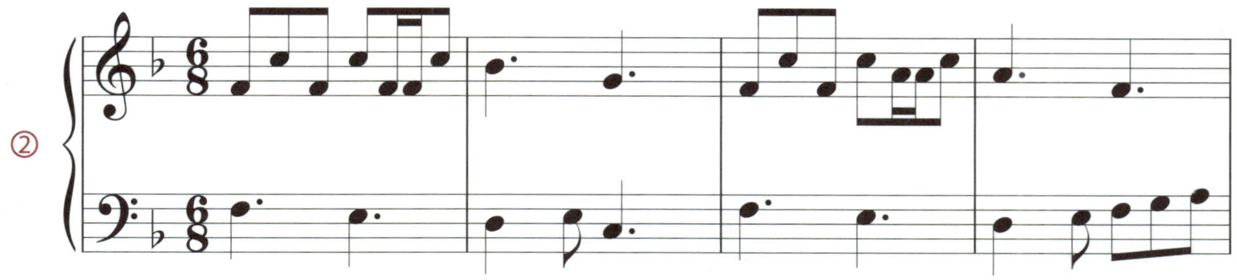

D. 청음 문제풀이 🎧

1) 다음 들려주는 리듬을 듣고 적어보세요.

1-1) 

1-2) 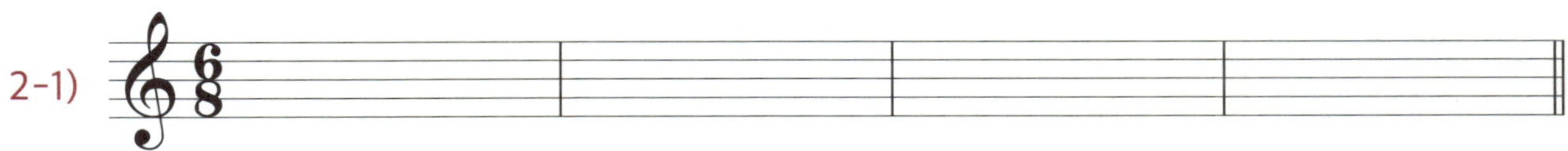

2) 다음 들려주는 멜로디를 듣고 적어보세요.

2-1) 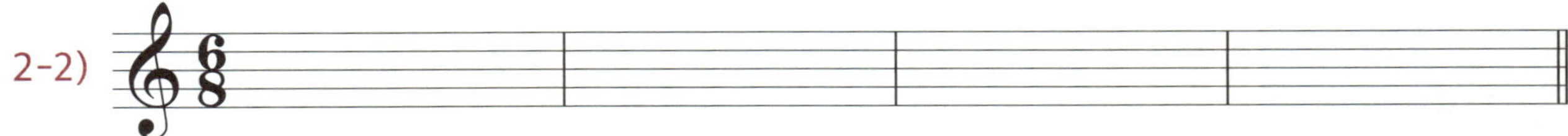

2-2)

3) 다음 들려주는 코드를 듣고 코드의 종류를 적어보세요.

A.   B.   C.   D.

4) 첫 음을 잘 듣고 그 다음에 나오는 멜로디를 적어보세요.

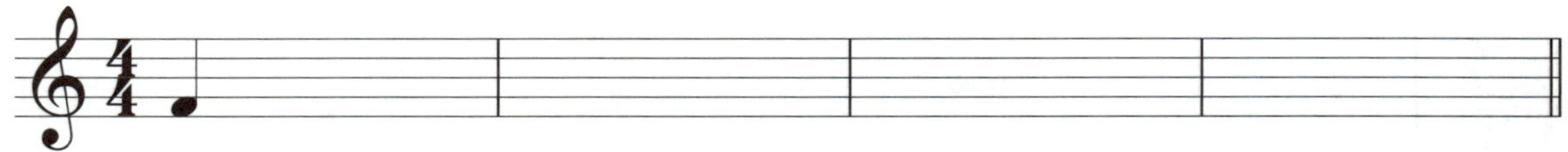

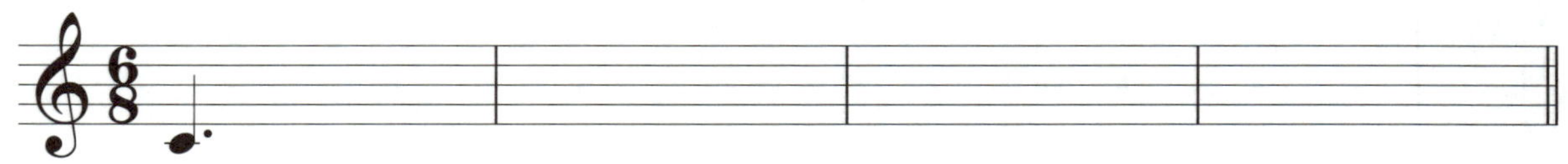

5) 다음 들려주는 코드를 듣고 알맞은 코드를 골라보세요.

A. ① Minor   ② dim   ③ sus4   ④ aug

B. ① dim   ② sus4   ③ Major   ④ Minor

6) 다음 들려주는 코드들을 듣고 성질이 다른 코드 한 개를 골라보세요.

A. ①   ②   ③   ④

B. ①   ②   ③   ④

C. ①   ②   ③   ④

D. ①   ②   ③   ④

A. 리듬 – 12/8 박자 연습

1) 12/8 박자

박자표에서 아래 숫자의 뜻은 한 박 단위가 되는 음표를 의미합니다.

아래 숫자가 8이기 때문에 8분음표가 한 박이 됩니다.

12/8 박자는 8분음표를 1박으로 하여 각 마디가 모두 12박으로 이루어져 있습니다.

EX) 

*Point

8박 계열의 박자에서는 주로 점4분음표를 이용하여 BPM을 표시합니다.

8박 계열을 연습할 때는 매 클릭마다 3연음으로 나눠 이미지하여 연습해 보세요.

그리고 12/8 박자는 4등분하여 연습하면 더 쉽습니다.

ex) 아이유의 '입술 사이 (50cm)'를 들어보세요. 이 곡은 12/8 박자의 곡이며 BPM ♩. = 96 입니다. 3연음으로 나눠 이미지화하며 집중하여 들어보세요. 여러분에게 많은 도움이 될 것이며 12/8 박자의 Feel을 느끼는 게 훨씬 쉬어질 겁니다.

*** 제시된 악보의 리듬을 일정한 템포에 맞춰 입으로 정확하게 연습해 보세요.**

③ (악보)

④ (악보)

⑤ (악보)

⑥ (악보)

B. 간단한 베이스 코드 진행 연습

작곡 또는 편곡을 해야 하는 경우, 우리는 코드의 흐름을 잘 이해하고 있어야 합니다.
본인이 좋아하는 곡을 카피해야 할 경우에도 코드 진행을 들어야 하는 경우가 많죠?
이럴 때 코드 진행을 많이알고 있고, 잘 이해하고 있는 사람이 더 잘 들립니다.
맨 처음에는 코드 진행이 잘 들리지 않고 속도가 느릴 수 있지만 절대 포기하지 말고
근음 듣기부터 3음 듣기, 5음 듣기, 7음 듣기를 해보세요.
이렇게 노력하다 보면 어느 날 많이 성장해있는 자신을 발견할 수 있을 거예요.
귀가 뻥 뚫리는 그날까지 뉴욕언니와 함께 열심히 해보세요!

♦ 솔페지오를 이용해 근음을 시창하며 익혀보세요.

♦ 한 명은 근음을 시창하고 다른 한 명은 근음 위 보이스 리딩을 시창해 보세요.

1) **I**　**IV**　**V**　**I**

Mi　La　Ti　Mi

Do　Fa　Sol　Do　(Root Motion)

2)   I   III-   IV   V   I

    Sol Sol La   Re Mi

    Do   Mi   Fa   Sol Do (Root Motion)

3)   I   VI-   IV   V   I

    Mi   Do   La   Re Mi

    Do   La   Fa   Sol Do (Root Motion)

4)   I   VI-   II-   V   I

    Do   Mi   Fa   Re Sol

    Do   La   Re   Sol Do (Root Motion)

5)   III- VI-   II-   V   I

    Sol Do   Fa   Ti   Mi

    Mi   La   Re   Sol Do (Root Motion)

6)   I   IV   IV-   III-   II-   V   I

    Mi   La   Le   Sol La   Re Do

    Do   Fa   Fa   Mi   Re   Sol Do (Root Motion)

7)   I   ♭VII   IV   I

    Mi   Fa   Do   Mi

    Do   Te   Fa   Do (Root Motion)

8)   I   II-   III- VI-   IV Vsus4 I

    Sol La   Ti   La   Do   Do   Sol

    Do   Re   Mi   La   Fa   Sol   Do (Root Motion)

9)   VI- IV   V   I

    Do   Do   Ti   Mi

    La   Fa   Sol Do (Root Motion)

C. 시창 – 솔페지오를 이용해 코드 근음과 멜로디 시창하기

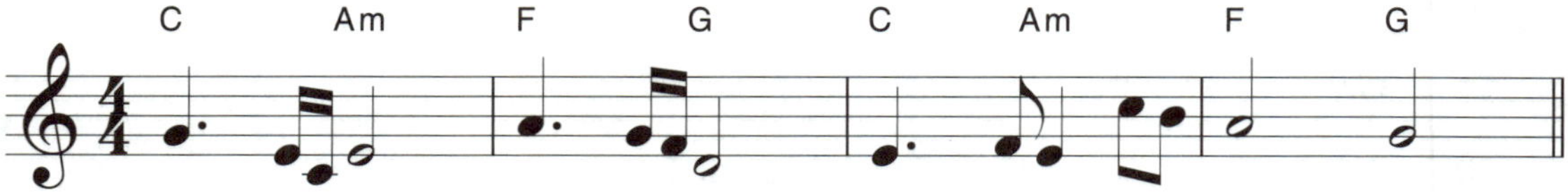

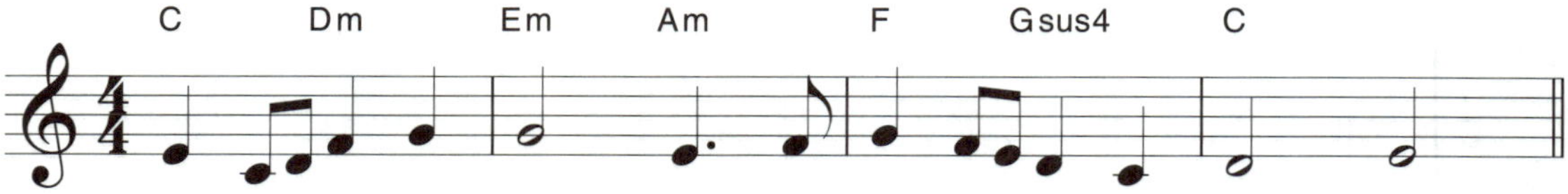

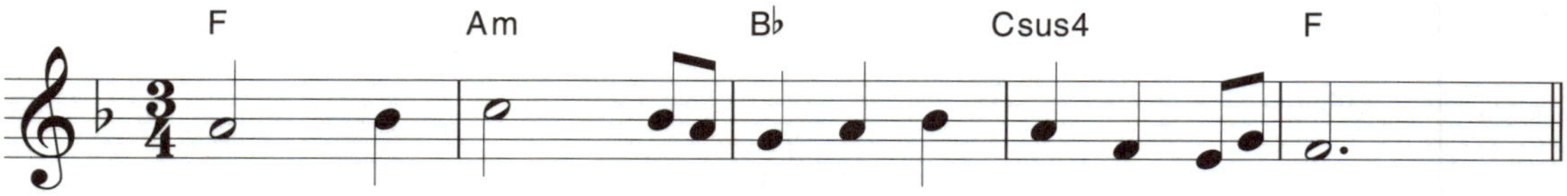

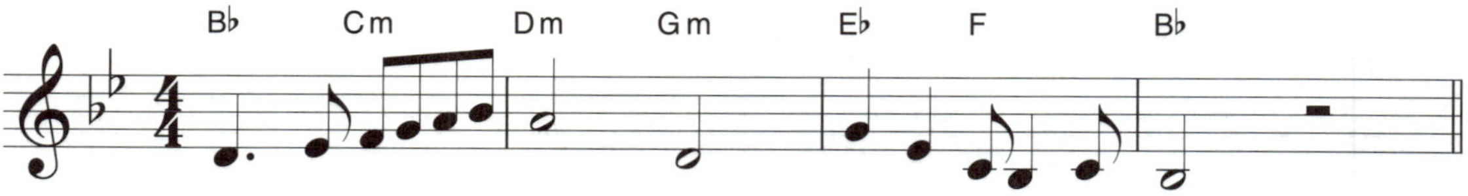

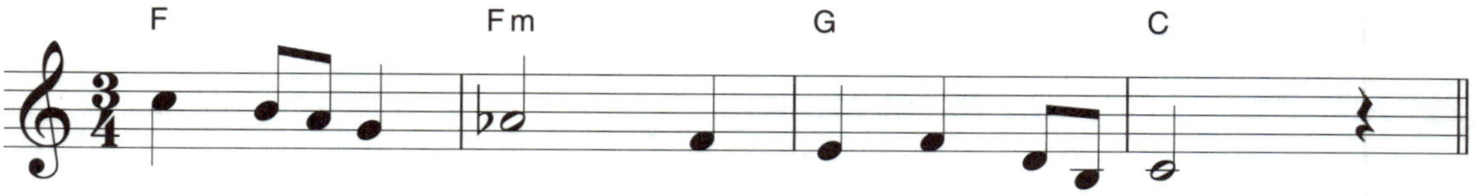

D. 청음 문제풀이 

1) 다음 들려주는 리듬을 듣고 적어보세요.

예시 듣기

1-1)

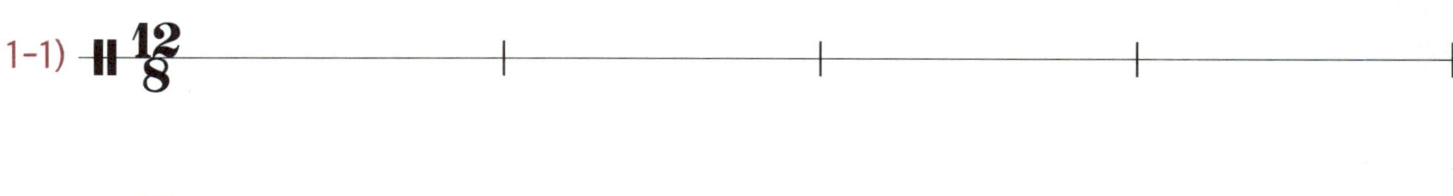

1-2)

2) 다음 들려주는 멜로디를 듣고 적어보세요.

2-1)

2-2)

3) 다음 코드 진행을 듣고 근음을 적어보세요.

3-1)

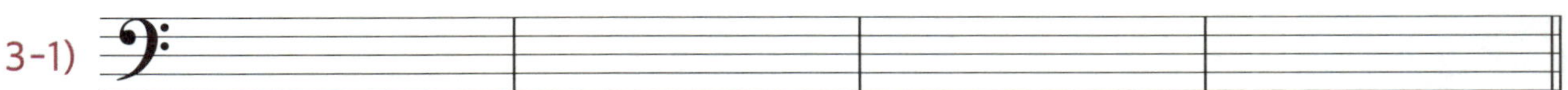

3-2)

기말고사

기말고사는 앞에서 배운 것들을 총정리하며 여러분의 실력을 점검하는 마지막 단계입니다. 기말고사는 60분 동안 실행되며 오디오는 각 문제당 3번씩 들려줍니다.
청음이 끝난 후 주어진 시창 문제들 중 한 문제를 골라 시창하고 마쳐보세요.

1) 다음 들려주는 음정을 듣고 맞는 음정을 골라보세요.

A) 완전4도　　　　B) 단3도　　　　C) 장6도　　　　D) 증4도

2) 다음 들려주는 음정을 듣고 맞는 음정을 골라보세요.

A) 단7도　　　　B) 장2도　　　　C) 완전5도　　　　D) 단3도

3) 다음 들려주는 리듬을 듣고 적어보세요.

3-1)

3-2)

3-3)

3-4)

4) 다음 들려주는 멜로디를 듣고 알맞은 것을 골라보세요.

①
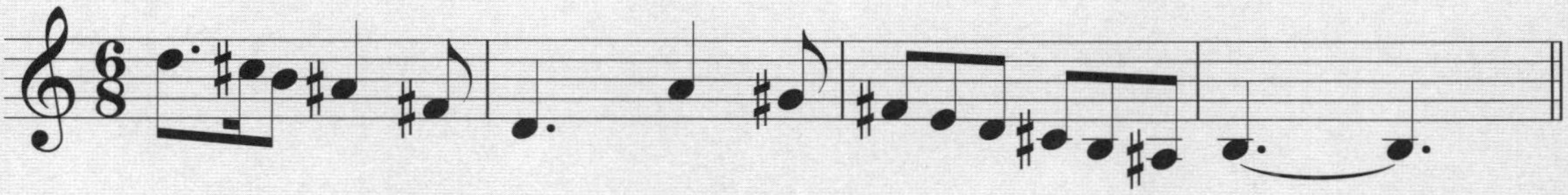

②
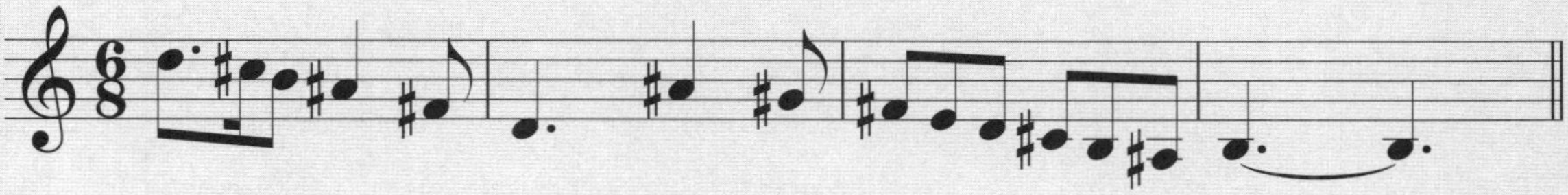

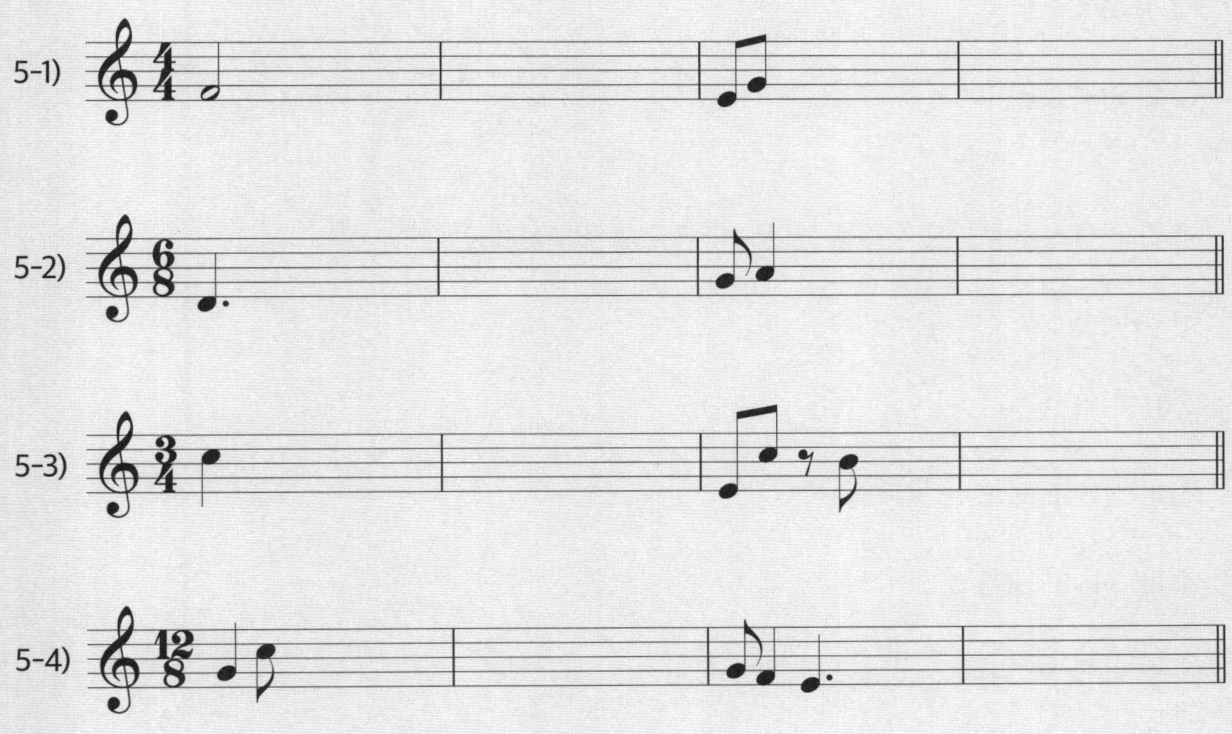

③
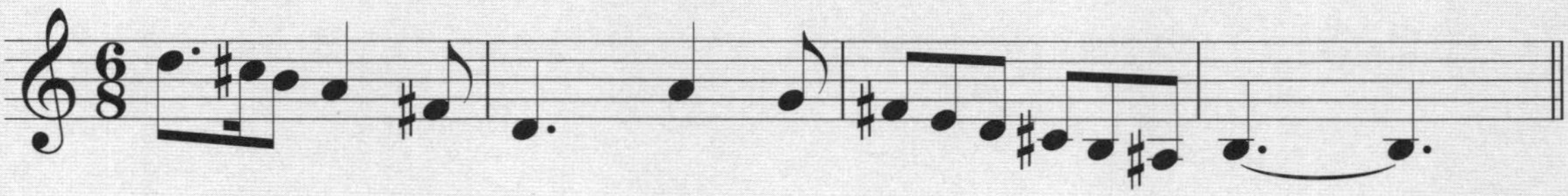

④
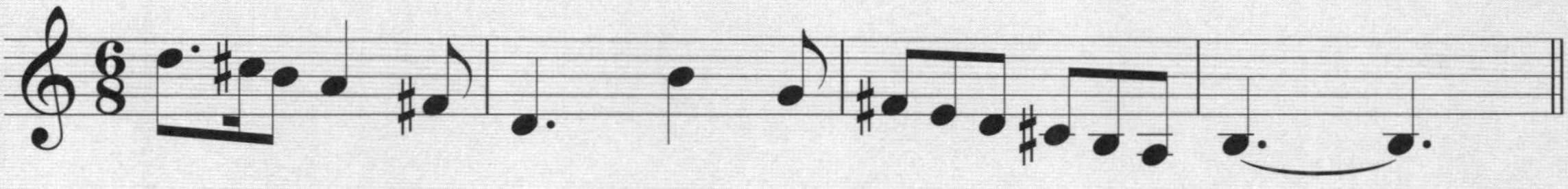

5) 첫 음을 잘 듣고 멜로디를 완성해 보세요.

5-1)

5-2)

5-3)

5-4)

6) 다음 들려주는 코드를 듣고 코드의 종류를 적어보세요.

A.　　　　　　　　B.　　　　　　　　C.　　　　　　　　D.

7) 다음 들려주는 코드를 듣고 알맞은 코드를 골라보세요.

A. ① Major　　　② sus4　　　③ Minor　　　④ aug　　　⑤ dim.

B. ① Dim.　　　② aug　　　③ Major　　　④ sus4　　　⑤ Minor

C. ① Minor　　　② dim　　　③ sus4　　　④ Major　　　⑤ aug

8) 다음 들려주는 코드 진행을 듣고 알맞은 것을 골라보세요.

① I II- V I

② VI- II- V I

③ I IV V I

④ IV IV- V I

⑤ 잘 모르겠습니다.

9) 다음 들려주는 코드 진행을 듣고 알맞은 것을 골라보세요.

① I III- IV V I

② I VI- II- V I

③ III- VI- II- V I

④ III- VI- II- ♭II I

⑤ 잘 모르겠습니다.

청음 문제는 다 끝났습니다.

마지막으로 주어진 시창 문제들 중 한 문제를 골라 시창하고 마쳐보세요.

— 수고하셨습니다 —

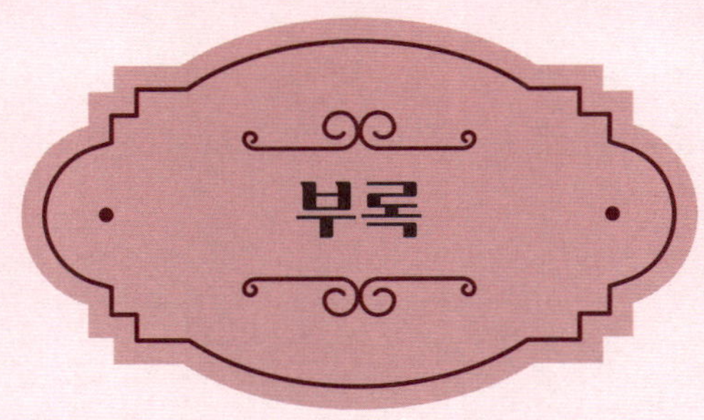

***솔페지오를 이용해 유명한 가요, 팝 시창 연습하기**

1) <Moon River> Henry Mancini 작곡

2) <Hey Jude> Paul McCartney 작곡

3) <편지> 김광진 작곡

4) <수고했어, 오늘도> 김윤주 작곡

5) <Sunday Morning> Adam Levine, Jesse Royal Carmichael 작곡

1-1)

1-2)

2)

3-1)

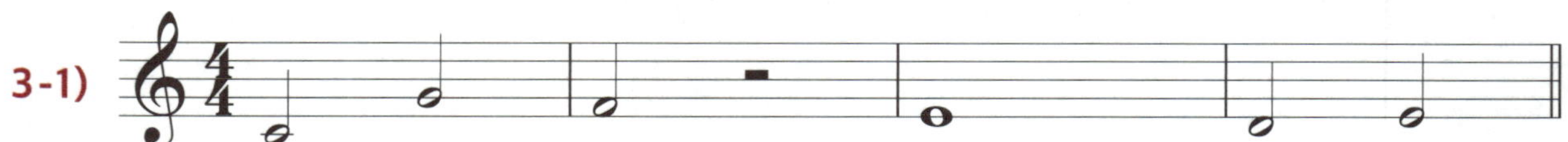

3-2)

4)

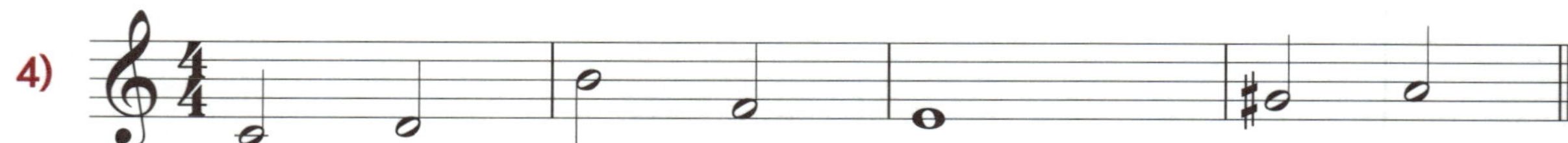

1-1) 

1-2) 

2) 

3-1) 

3-2) 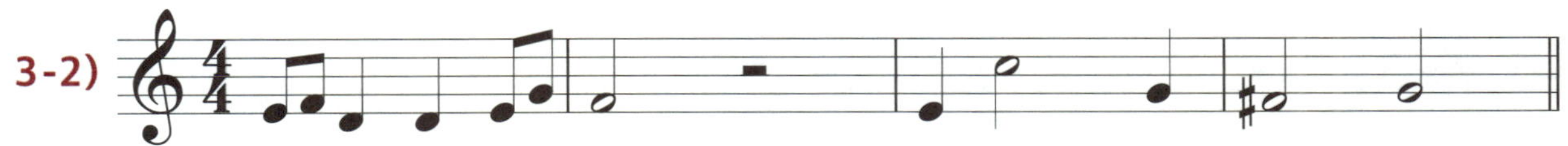

4) 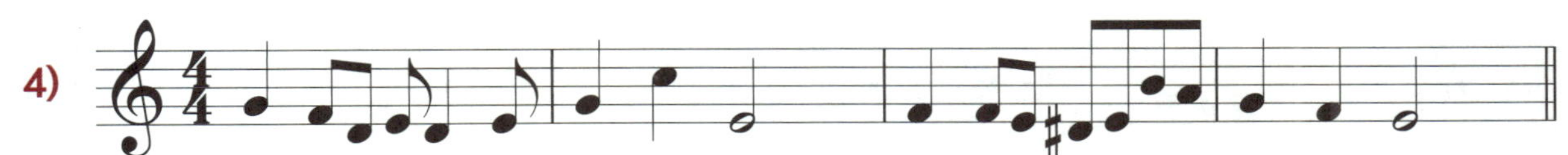

1-1)

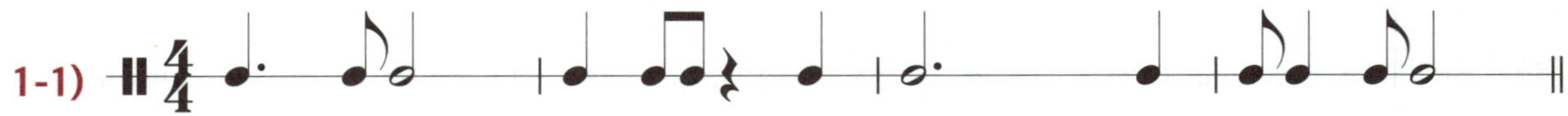

1-2)

2)

3-1)

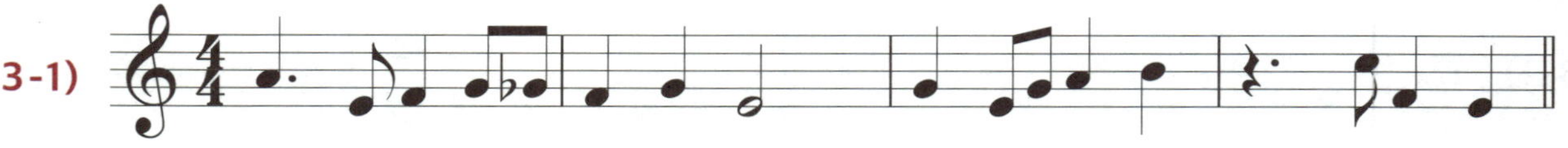

3-2)

4)

1-1)

1-2)

2)
(단6도)　(장6도)　(단6도)　(장6도)
(단6도)　(단6도)　(장6도)　(단6도)

3-1)

3-2)

4)

1-1)

1-2)

2)

3-1)

3-2)

4)

1-1)

1-2)

2)

3-1)

3-2)

4)

1) B) 장3도 (레 -파♯)

2) A) 장6도 (도 -라)

3) A) 단6도 (라 -파)   B) 단6도 (도♯-라)   C) 단6도 (파 -레♭)   D) 장7도 (레 -시)

4-1) 

4-2)

4-3)

5) ③

6) ②

7) ①

8-1)

8-2)

(완전8도)　　(완전8도)　　(증8도)　　(완전8도)
(완전8도)　　(완전8도)　　(완전8도)　　(증8도)

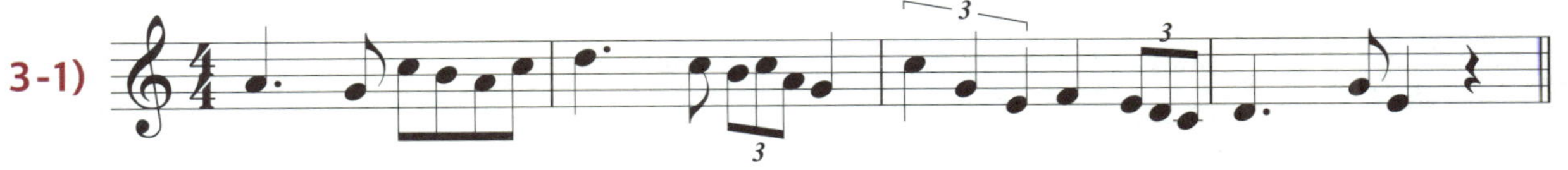

1-1) 

1-2) 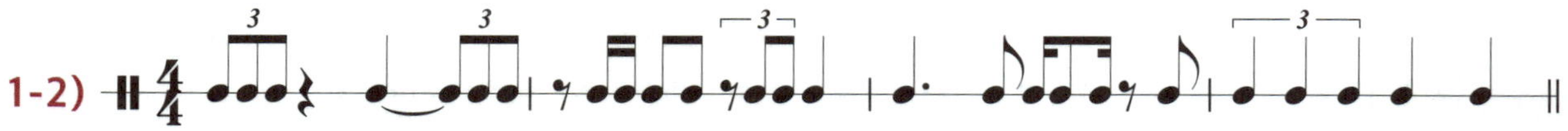

2) 

3-1) 

3-2) 

4) 

B. 3화음 코드 Test

① 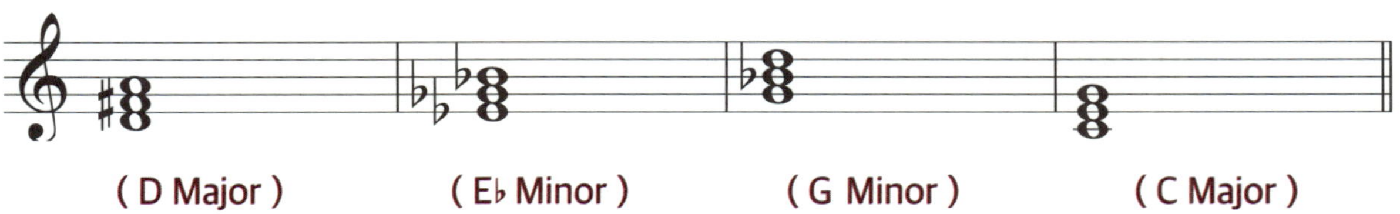

② 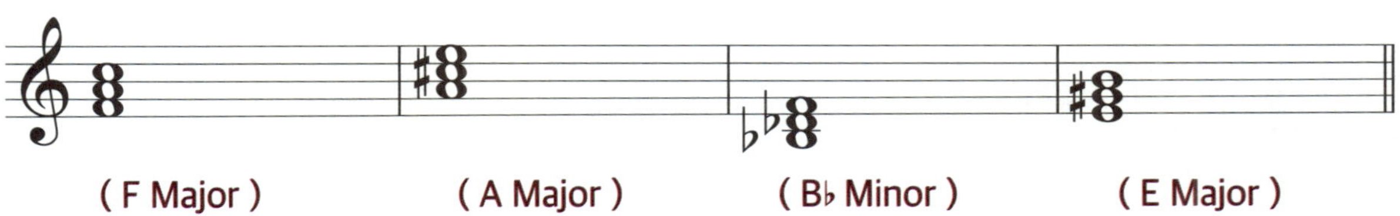

③ 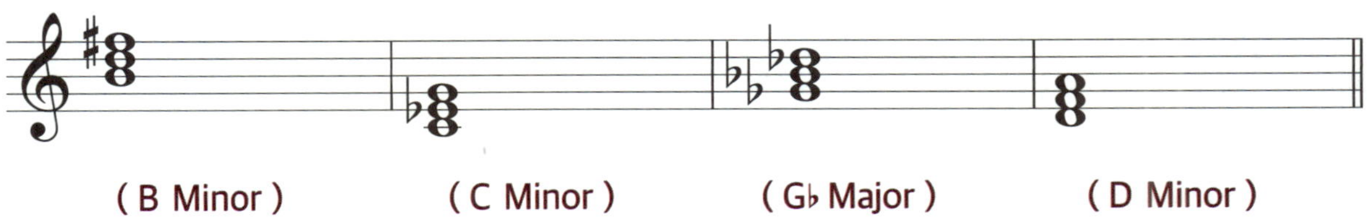

87쪽

1-1) 

1-2)

127

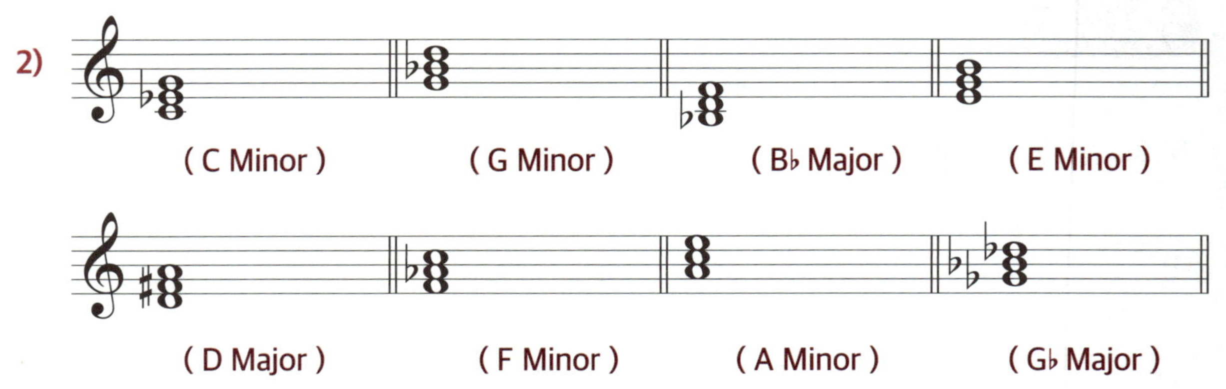
2)
(C Minor)
(G Minor)
(B♭ Major)
(E Minor)
(D Major)
(F Minor)
(A Minor)
(G♭ Major)

3-1)

3-2)

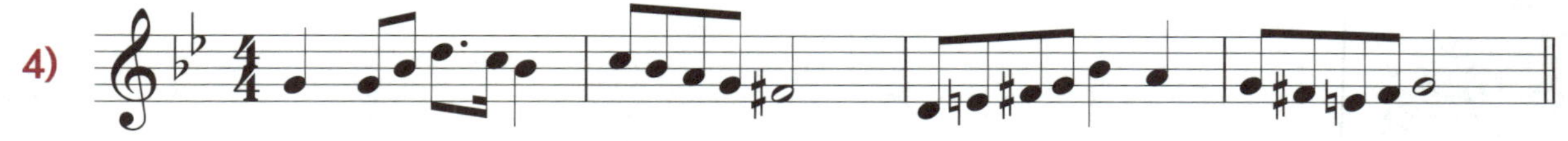
4)

Week 12   95쪽

1-1)

1-2)

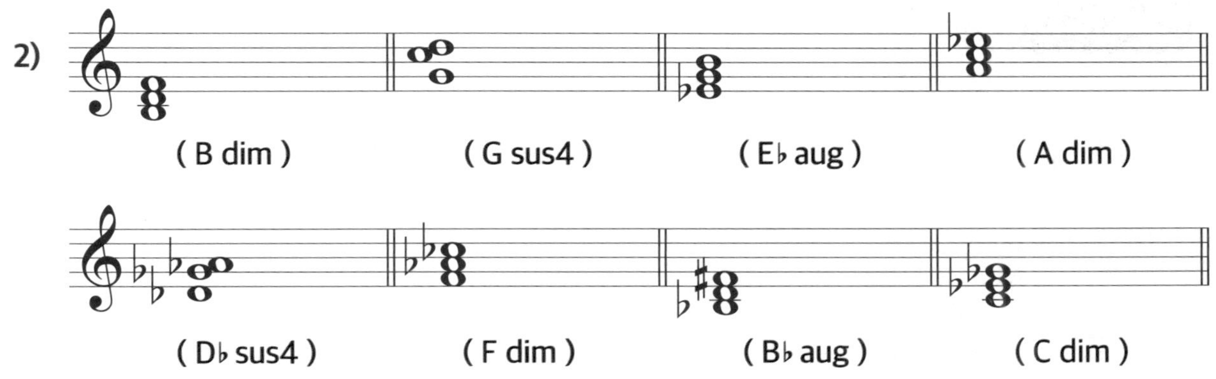

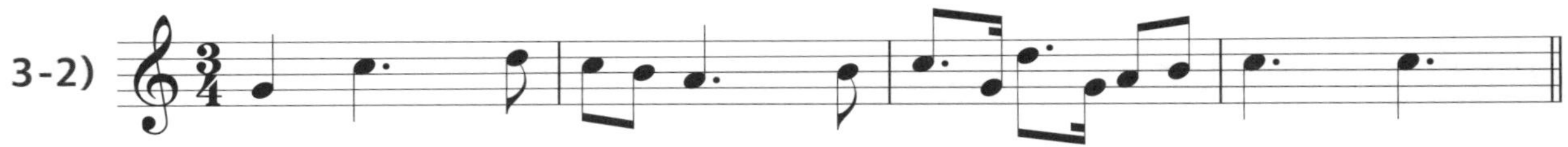

5) A. ① (E Minor)

B. ③ (D aug)

C. ② (G sus4)

D. ③ (B♭ dim)

1-1)

1-2)

2-1)

2-2)

3) A. aug B. Minor C. Major D. dim

4-1)

4-2)

5) A. ③ G sus4 B. ① E dim

6) A. ② B♭ dim B. ③ B Major C. ④ D sus4 D. ① E sus4

Week 14 111쪽

1-1)
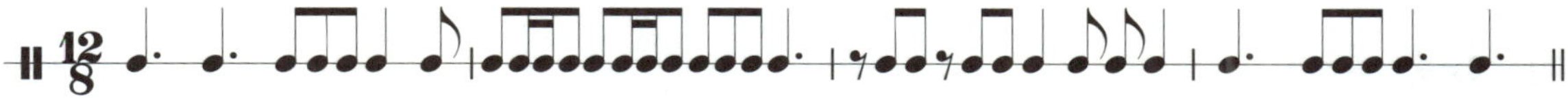

1-2)
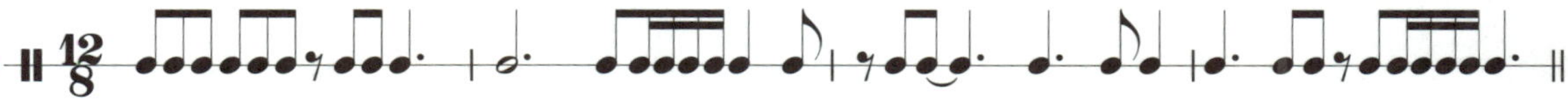

2-1)
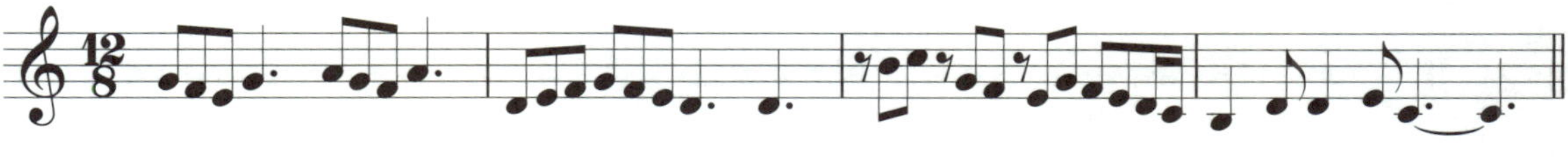

2-2)
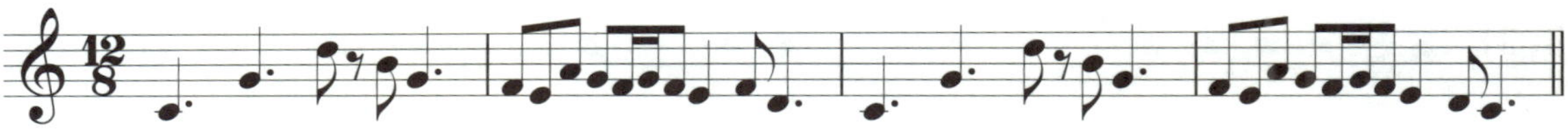

3-1)
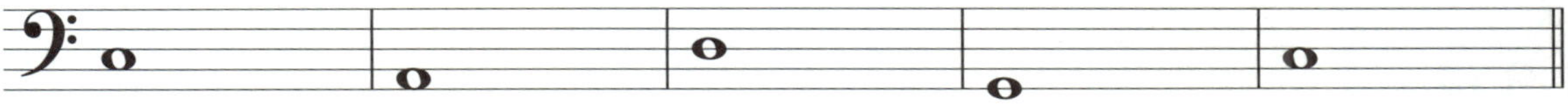

3-2)
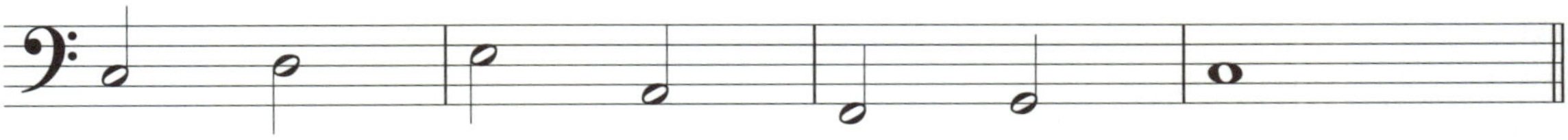

1) B(솔 -시♭)

2) A(시 -라)

4) ③

6) A. aug (A♭)　　　　B. minor (B♭)　　　　C. Major (D)　　　　D. dim (E)

7) A. ②(E♭ sus4)　　　　B. ⑤(G minor)　　　　C. ⑤(A aug)

8) ③

9) ③ (미 - 라 - 레 - 솔 - 도)

양선희

Berklee College Of Music 졸업
New York University 대학원 졸업
써니 <The Healing> 재즈 정규앨범 발매
주크박스 가요 정규앨범 발매
써니 <MIRACLE> 가스펠 정규앨범 발매

미디어

2017 엠엠재즈 spolight 부분 선정 인터뷰
2017 엠큐데이 핫뮤지션 선정 인터뷰

교육

이화여자대학교 대학원 출강
백석예술대학교 출강
서울기독대학교 출강
한림연예예술고등학교 출강
WM 엔터테인먼트 출강

뉴욕언니와 모두의 시창청음

발행일 2024년 4월 15일

저자 양선희
발행인 최우진
편집 왕세은
디자인 김세린

발행처 그래서음악(somusic)
출판등록 2020년 6월 11일 제 2020-000060호
주소 경기도 성남시 분당구 정자일로 177
전화 031-623-5231 **팩스** 031-990-6970
이메일 somusicu@naver.com

ISBN 979-11-92447-59-9(13670)